Michael Harslem

Wie arbeiten Eltern und Lehrer zusammen?

Verlag Freies Geistesleben

ISBN 3-7725-1504-5
1. Auflage 1999
Verlag Freies Geistesleben
Landhausstraße 82, 70190 Stuttgart
Internet: www.geistesleben.com

Nach den Regeln der neuen Rechtschreibung

Umschlaggestaltung: Walter Schneider
Druck: Offizin Chr. Scheufele, Stuttgart

Inhalt

Vorwort

Zusammenarbeit in allen Bereichen ist das zentrale Anliegen der Freien Waldorfschule – Zusammenarbeit der Schülerinnen und Schüler unterschiedlicher Begabungen und Charaktere, Zusammenarbeit zwischen Schülern und Lehrern, Zusammenarbeit der Lehrerinnen und Lehrer in vielfältigen Formen, insbesondere aber auch die Zusammenarbeit von Eltern und Lehrern. Denn von Anfang an war der gemeinsame Erziehungsauftrag von Eltern und Lehrern ein Grundprinzip der Waldorfschule. Die Entwicklungen von 1968 und der Folgejahre haben dieses Anliegen wieder aktualisiert, da in deren Folge viele Freie Waldorfschulen aus Elterninitiative entstanden.

Die Zusammenarbeit von Eltern und Lehrern ist für die Waldorfschule konstitutiv. Diese Beziehung ist aber nicht spannungsfrei und hat mit vielen strukturellen und persönlich bedingten Problemen zu kämpfen. Andererseits zeigt sie in den 165 deutschen und ca. 750 Freien Waldorfschulen weltweit ihre Fruchtbarkeit und beweist, dass Menschen mit gutem Willen die sich auftürmenden Probleme meistern können. Gerade dieses Vorbild ist von großer pädagogischer Bedeutung für die Kinder und Jugendlichen in der Schule. Lebenslanges Lernen bleibt so kein inhaltsleeres Schlagwort, sondern wird täglich von Eltern und Lehrern in der Bewältigung der ständig neu entstehenden Probleme und Widerstände vorgelebt. Deshalb gehört die Zusammenarbeit von Eltern und Lehrern als Lernfeld für Erwachsene zum pädagogischen Konzept der Freien Waldorfschule.

Erst wenn wir die soziale Wirklichkeit anzunehmen lernen, wie sie ist, können wir sie verstehen. Erst wenn wir uns selbst und unsere soziale Situation verstehen, können wir sie eigenverantwortlich und wirksam verändern. In diesem Sinne möchte ich Sie, liebe Leserin, lieber Leser, einladen, die eigene soziale Praxis kritisch zu hinterfragen. Deshalb würde ich mich freuen, wenn dieses Buch wenigstens teilweise auch zu einem Arbeitsbuch werden könnte, anhand dessen Eltern und Lehrer die Situation an ihrer eigenen Schule unter geänderter Perspektive oder mit geschärftem Blick beobachten und verstehen lernen.

Ein Hinweis noch vorab: Die Fragen der sozialen Dreigliederung in der Freien Waldorfschule werden in diesem Buch ausdrücklich nicht behandelt, da es einerseits schon einige Veröffentlichungen darüber gibt,[1] andererseits dieses zentrale funktionale und strukturelle Anliegen in den Schulen noch so wenig realisiert ist, dass es einer grundlegenden Bearbeitung bedarf.

Für die Hilfen, die mir beim Schreiben dieses Buches zuteil wurden, danke ich allen Eltern und Lehrern, mit denen ich in der Freien Waldorfschule am Bodensee und in anderen Waldorfschulen oder in Seminaren intensiver zusammenarbeiten durfte. Dieser Zusammenarbeit verdanke ich meine Erfahrungen und Erkenntnisse. Mein Dank gilt auch Frau Koester, die das Diktierte in Schrift umgesetzt hat, Herrn Mattke als Herausgeber, der mir mit seiner kritischen Durchsicht des Manuskriptes viele Anregungen gegeben hat, und vor allem Herrn Lintz vom Verlag Freies Geistesleben. Mein besonderer Dank gilt meiner Frau, Antonia Harslem, die sowohl bei der Bearbeitung des Manuskriptes als auch in der kritischen Diskussion der Inhalte eine wertvolle Partnerin war und darüber hinaus die vielen mit diesem Buch verbundenen persönlichen Verzichte geduldig mitgetragen hat.

Michael Harslem

1. Zusammenarbeit zwischen Eltern und Lehrern – zwei Beispiele zur Einführung

Frau S., Klassenlehrerin einer 5. Klasse, geht zu Beginn des Unterrichts durch die Bankreihen und schaut sich die Hausaufgaben an. Manche Kinder strecken ihr freudig das Heft hin, andere warten, bis sie vorbeikommt und sich das Heft nimmt. Florian ist dauernd mit seinem Ranzen beschäftigt und will gar nicht wieder auftauchen.

«Na, Florian, wo ist denn deine Hausaufgabe?», fragt ihn Frau S.

Florian errötet und setzt eine abweisende Miene auf. «Ich hab' gestern keine Zeit gehabt, meine Hausaufgaben zu machen.» Er versucht ihrem Blick standzuhalten.

«Soso. Dann wirst du das wohl bis morgen nachholen müssen.»

«Mal sehn!» ist seine halb verlegene, halb mürrische Antwort.

Die Lehrerin geht weiter, schaut sich die Hefte der anderen Kinder an und gibt ihre Kommentare. Am Nachmittag geht sie ihren Unterricht noch einmal durch und stößt auf die kleine Episode mit Florian. ‹Was mit dem Jungen wohl los ist?›, denkt sie. ‹Ich muss mit seiner Mutter sprechen.› Also greift sie zum Telefonhörer.

Frau L. ist am Apparat. «Warum rufen Sie an, Frau S.? Ist etwas passiert?»

«Nein nein», beruhigt sie die Lehrerin, «mir ist an Florian nur eine Veränderung aufgefallen, deshalb möchte ich mit Ihnen sprechen.»

Man kann deutlich die Erleichterung am anderen Ende der Leitung spüren, als Frau L. fragt: «Ja, was ist Ihnen denn aufgefallen?»

«Florian ist irgendwie befangen. Und er hat heute zum dritten Mal innerhalb der letzten zwei Wochen seine Hausaufgaben nicht gemacht, jedes Mal mit der Entschuldigung, er habe keine Zeit gehabt. Irgendwas ist mit dem Jungen los. Haben Sie denn zu Hause etwas bemerkt?»

Frau L. muss nachdenken. «Nein, eigentlich nichts Besonderes. Vielleicht war er etwas stiller in der letzten Zeit, aber das ist er öfter. Er saß auch jeden Tag bei seinen Hausaufgaben, vielleicht nicht so lange wie sonst. Aber ich werde jetzt stärker darauf achten.»

Die Lehrerin ist froh, dass nichts Schwerwiegenderes zu Hause vorliegt. «Wenn Sie etwas herausbekommen, rufen Sie mich doch bitte an, damit wir Florian helfen können.»

Frau L. verspricht ihr das.

Als Florian nach Hause kommt, sagt seine Mutter nichts von dem Anruf der Lehrerin. Sie wartet eine Gelegenheit ab, um mit ihm über die Schule ins Gespräch zu kommen. Das ergibt sich bei den Hausaufgaben. Wie so häufig fragt Frau L.: «Na, Florian, wie geht's dir heute mit deinen Hausaufgaben?» Florian antwortet wie gewohnt: «Na ja, geht schon.» Aber diesmal lässt sich die Mutter damit nicht abspeisen, sondern setzt sich neben Florian und schaut sein Heft an.

«Hast du noch viel zu machen?» – «Ja, ziemlich.» Erst zögernd kommt die Antwort: «Ich muss auch noch was von gestern machen.» – «Mmmh», sagt Frau L. Da bricht es aus Florian heraus: «Und überhaupt. Die Frau S. ist eine blöde Kuh. Die soll sich bloß nicht so haben. Eigentlich will ich überhaupt keine Hausaufgaben mehr für die machen!»

Die Mutter ist erstaunt. «Wieso denn? Frau S. war doch eigentlich immer ganz nett.» – «Ja, das war sie auch, bis vor zwei Wochen!» Florian schweigt verbittert und brütet dumpf vor sich hin.

«Ja, und was war vor zwei Wochen?»

Florian schweigt erst einmal beharrlich, dann kommt es stockend aus ihm heraus: «Weißt du, im Turnunterricht, als wir uns alle aufstellen sollten, da hat auf einmal die Amalia, die neben mir stand, ganz laut gequiekt, nur so zum Jux, aber sie hat so getan, als ob ich ihr was gemacht hätte. Da hat die Frau S. gesagt: ‹Florian, lass das. Es ist nicht nett von dir, einem Mädchen weh zu tun.› Ich hab' gleich gesagt: ‹Ich hab' aber gar nichts gemacht.› Aber Frau S. hat nur gesagt: ‹Keine Ausreden, Florian, lass das in Zukunft!› Und das ist so so ungerecht gewesen von ihr. Wie kann sie denken, dass ich Amalia, die Kleinste von uns, so ärgere und ihr weh tue? Das ist richtig gemein von der Frau S.! Und deshalb mag ich sie nicht mehr!»

Nun ist es heraus. Florians Unterlippe zittert leicht, aber Frau L. tut so, als bemerkte sie es nicht, sie nimmt Florian in den Arm und sagt:

«Das war wirklich nicht sehr nett von Frau S., dass sie geglaubt hat, du würdest so was tun. Hast du denn noch nie die Mädchen geärgert?»

«Ja doch», gibt Florian zu. «Aber doch nicht Amalia!» Er ist sichtlich in seiner Ritterlichkeit gekränkt worden.

Wie gut, dass mein Sohn ein so starkes Gerechtigkeitsempfinden hat, denkt Frau L. und sagt zu ihm: «Weißt du, Florian, das ist für dich Ehrensache, dass du einem kleinen schwächeren Mädchen nichts tust. Aber Frau S. hat daran wahrscheinlich gar nicht gedacht, sondern sich bloß über das Gequieke geärgert. Und du warst eben der Nächste.»

Florian fühlt sich verstanden und grollt noch etwas. «Aber sie hätte ja nicht gleich mich verdächtigen müssen!» – «Aber schau mal, ihr seid sechsunddreißig Kinder in der Klasse und macht auch viel Unfug, so dass es Frau S. mit euch nicht immer leicht hat, oder? Da kann so was schon mal vorkommen.» Florian beharrt: «Aber deswegen muss sie mich noch lange nicht ungerecht behandeln!» Doch er ist sichtlich erleichtert, in der Mutter eine Partnerin gefunden zu haben, die ihn versteht. Ab dann gehen die Hausaufgaben auch wieder leichter.

Abends ruft Frau L. die Lehrerin an. «Es ist heute Nachmittag schon herausgekommen. Florian fühlte sich von Ihnen in der Turnstunde ungerecht behandelt. Sie erinnern sich vielleicht an die Geschichte mit Amalia.» Nun erzählt sie die Episode.

«Wie gut, dass Sie mich darüber informieren. Ich war damals durch meine Bande so in Atem gehalten, mir fiel gar nicht auf, dass ich Florian gekränkt habe. Ich werde versuchen, die Sache wieder gutzumachen. Florian hat ja wirklich Recht, eigentlich würde ich ihm nicht zutrauen, dass er Amalia schikaniert.»

Frau S. hat so die Möglichkeit, Florian in den nächsten Tagen zu zeigen, dass sie ihn mag und seine Ritterlichkeit schätzt. Als Amalia die schwergehende Schranktür nicht aufbekommt, bittet ihn die Lehrerin, Amalia zu helfen. Florian stutzt einen Moment, dann springt er bereitwillig zu Amalia, und mit einem kräftigen Ruck hat er die Tür offen.

Als Frau S. am nächsten Tag die Hausaufgaben kontrolliert und zu Florian kommt, erwartet er sie mit dem offenen Heft auf dem Tisch. Sie besieht sich seine sorgfältig gemachten Hausaufgaben und lobt ihn: «Das hast du wirklich sehr schön gemacht.» Florian strahlt.

Ein Beispiel aus dem Schulalltag einer Waldorfschule. In ihm wird eine Situation sichtbar, wie sie sich in ähnlicher Weise immer wieder ereignen könnte. Vor allem zeigt sich hier eine bestimmte Konstellation zwischen dem Schüler, seiner Mutter und der Klassenlehrerin. Alle drei Personen, Florian, Frau L. und Frau S., stehen innerhalb des Bereichs der Schule in einem spezifischen Verhältnis zueinander, und wie sie agieren, welches Bild sie voneinander haben, bestimmt das weitere Geschehen. So wird ebenfalls deutlich, dass die Schulsituation des Kindes nicht nur durch die Beziehung zu seinem Lehrer geprägt wird, entscheidend ist auch, wie Elternhaus und Lehrer zusammenwirken, wie sie sich begegnen und verständigen.

Nehmen wir zur Illustration noch ein zweites Beispiel hinzu.

Einige Wochen später: Frau S. bemerkt, dass Amalia seit ein paar Tagen ihre Hausaufgaben nur noch schlampig macht, während sie bisher immer sehr zuverlässig war. Sie blättert Amalias Heft durch und sagt: «Amalia, dein Heft ist nicht mehr so schön. Schau mal, hier und da fehlt etwas, und dort bist du ungenau, und das ist unsauber. Was ist denn los mit dir?»

Amalia wirkt erst etwas verlegen, dann entgegnet sie schnippisch: «Ich finde es gut genug so. Es ist doch sowieso nicht so wichtig, was wir gerade machen.»

Die Lehrerin wundert sich. «Wieso? Gefällt dir Geschichte nicht mehr?» – «Ach, nur so», ist Amalias Antwort. Nachdenklich schaut Frau S. sie an und denkt sich: Du bist zwar die Kleinste, aber in deiner Entwicklung bist du schon ziemlich weit.

Amalia kommt offensichtlich schon in die Pubertät, und jetzt wird Frau S. auch eine gewisse Koketterie und Selbstdarstellung in Amalias Verhalten klar. Sie beschließt, Amalias Eltern einmal anzurufen, um mit ihnen über die Entwicklung ihrer Tochter zu sprechen.

An einem der nächsten Tage ruft sie bei Familie M. an. Es meldet sich Frau M. «Kann ich etwas für Sie tun, Frau S.?» – «Ich hätte gerne wegen Amalia mit Ihnen gesprochen.» – «Wieso? Hat sie etwas ausgefressen?» – «Nein, nein, ich mache mir nur etwas Sorgen um sie, weil sie mit ihren Leistungen nachlässt.» – «Ach wirklich? Bisher gab es doch nie einen Grund zur Klage.» – «Ja, gerade deswegen, Frau M., sie macht in letzter Zeit ihre Hausaufgaben nur noch unregelmäßig und schlampig, das bin ich gar nicht von ihr gewöhnt. Deshalb wollte ich mit Ihnen sprechen.» – «Also, wenn Sie meinen, dass ich jetzt auch noch die Hausaufgaben beaufsichtigen soll, dann muss ich Ihnen leider sagen, das kann ich nicht leisten. Das müssen schon Sie als Lehrerin tun. Das ist Ihre Aufgabe. Ich kann nicht auch noch hinter den Hausaufgaben meiner Tochter her sein.»

Frau M. fühlt sich angegriffen. Soll die Lehrerin doch selber sehen, wie sie mit den Hausaufgaben ihrer Schüler zurecht kommt. Wozu zahlt man schließlich das teure Schulgeld? Sie verkneift sich aber diese Bemerkung.

Frau S. schweigt einen Moment und sucht einen neuen Ansatz. «Da haben Sie ja Recht. Ich mache es mit meinen Schülern auch selbst aus, dass sie ihre Hausaufgaben erledigen müssen», versucht sie einzulenken. «Andererseits ist es für mich ein Zeichen, dass mit Ihrer Tochter irgendetwas nicht stimmt, wenn sie in ihren Leistungen so nachlässt.»

Das hätte sie nun gerade nicht sagen dürfen, Frau M. fühlt ihre Tochter und sich selbst angegriffen und reagiert dementsprechend. «Das geht wirklich zu weit, wenn Sie behaupten, dass mit meiner Tochter etwas nicht stimmt. Sie ist völlig in Ordnung und benimmt sich zu Hause auch einwandfrei. Ich kann überhaupt nicht über sie klagen. Vielleicht stimmt ja etwas mit Ihrem Unterricht nicht, wenn Amalia Ihrer Meinung nach in ihren Leistungen nachlässt. Aber ich werde auf jeden Fall mit ihr reden, dass das so nicht weitergeht. Schließlich haben wir sie nicht auf diese Schule geschickt, damit sie nicht ordentlich arbeitet.»

Frau S. versucht wieder einzulenken. «Frau M., da haben Sie mich missverstanden. So war das nicht gemeint. Ich wollte nur darauf hinweisen, dass Sie vielleicht etwas mehr auf Ihre Tochter achten sollten.»

Das war nun wieder gerade das Falsche für Frau M. «Aber glauben Sie denn, dass ich zu wenig auf meine Tochter achte? Wie kommen

Sie denn zu solchen Urteilen? Das geht doch wirklich zu weit. Ich habe Ihnen ja schon gesagt, ich werde das mit Amalia klären, und ich denke, sie wird in Zukunft dann auch ihre Hausaufgaben ordentlich machen. Auf Wiedersehen.»

Frau S. ärgert sich über sich selbst. Wieso war es ihr nicht gelungen, der Mutter deutlich zu machen, was ihr eigentlich am Herzen lag?

Frau M. ist verärgert über ihre Tochter. Da bringt man nun so viele Opfer, damit das Kind auf eine Waldorfschule gehen kann, dann arbeitet sie nicht richtig. Na ja, ich werde ihr was erzählen, wenn sie nach Hause kommt, denkt sie.

Kaum ist Amalia mittags zur Tür hereingekommen, begrüßt sie die Mutter: «Das ist mir ja eine schöne Bescherung. Frau S. hat mich heute angerufen.» Amalia stutzt einen Moment, merkt, wie verärgert die Mutter ist, und setzt erst einmal ein unschuldig-fragendes Gesicht auf. «Ja, was wollte denn Frau S. von dir?» – «Das wirst du dir wohl denken können! Beschwert hat sie sich über dich, dass du nachlässig bist und deine Aufgaben nicht richtig machst und in deinen Leistungen abgefallen bist! Was sagst du denn dazu?»

Amalia schaut ihre Mutter an, geht an ihr vorbei in ihr Zimmer und knallt den Schulranzen auf den Tisch. Die Mutter ist ihr gefolgt. «Na und? Sag endlich was!» – «Na ja, so schlimm ist es auch wieder nicht. Mir macht halt Geschichte keinen Spaß. Und da hab' ich halt weniger gemacht. Überhaupt soll sich die Frau S. nicht so haben. Es gibt ja auch noch andere Sachen im Leben als nur die Schule.»

Die Mutter ist perplex. So kennt sie ihre Tochter nicht. Sie scheint den Ernst der Sache gar nicht zu verstehen. «Aber Amalia, du weißt doch, wie teuer diese Schule ist und wie viel wir dafür bezahlen müssen. Da kannst du doch nicht einfach weniger tun und in deinen Leistungen nachlassen. Dann wirst du das Abitur nie schaffen.» Nun hört Amalia all die Argumente, die sie schon zur Genüge kennt, und die Mutter schließt wie üblich mit dem Satz: «Das werde ich mit deinem Vater besprechen, und wir werden überlegen, was wir mit dir tun.»

Auch diese Wendung der Dinge kennt Amalia. Jetzt werden sie sich eine Strafe überlegen, um sie damit zu veranlassen, das zu tun, was sie wollen. Warum musste diese blöde Kuh von Lehrerin ihre Mutter anrufen und den ganzen Zirkus heraufbeschwören? Innerlich kocht Amalia, aber da es keinen Sinn hat aufzubegehren, sagt sie nichts.

Zufrieden geht Frau M. aus dem Zimmer und denkt sich: ‹Was soll schon mit meinem Kind los sein, ihr gefällt halt Geschichte nicht. Da ist Frau S. doch selber schuld.›

Als Frau S. am nächsten Tag die Hausaufgaben kontrolliert, ist Amalias Heft wieder vollständig und ordentlich geführt. Aber Amalia weicht ihrem Blick aus. Auch die lobenden Worte können sie nur zu einem kurzen, schrägen Blick nach oben, aber zu keiner Kontaktaufnahme mit Frau S. veranlassen. ‹Oje›, denkt diese, ‹da ist zu Hause einiges abgelaufen, was mir die Zusammenarbeit mit Amalia nicht leichter macht.›

Als sie zu Florian kommt, zeigt er ihr noch ein Bild, das er zu seiner Hausaufgabe dazugemalt hat. Frau S. freut sich und fragt ihn: «Darf ich das nehmen?» Florian nickt heftig. Also nimmt Frau S. das Bild und hängt es an die Wand zu den Zeichnungen und Fotos, die sie für die Geschichtsepoche ausgewählt hat.

Florian erzählt stolz zu Hause seiner Mutter: «Stell dir vor, Frau S. hat mein Bild zu ihren Bildern für die Epoche an die Wand gehängt!»

Gut, dass Frau S. mit mir gesprochen hat, denkt Frau L.

Frau M. fragt Amalia, als sie nach Hause kommt: «Und, wie warst du heute in der Schule?» Amalia schaut zum Fenster hinaus und sagt: «Sie fand meine Arbeit gut und hat mich gelobt.»

Gut, dass ich mit Frau S. gesprochen habe, denkt Frau M.

Die beiden Beispiele zeigen, dass Kooperation zwischen Eltern und Lehrern unterschiedlich interpretiert werden kann.[2] Nicht nur Frau L. wollte in der Zusammenarbeit mit der Lehrerin ihrem Sohn helfen. Auch Frau M. hatte das Beste für Amalia im Sinn, als sie sie gegenüber der Lehrerin verteidigte und dann «wieder auf den richtigen Weg brachte». Aber beide Mütter haben ein unterschiedliches Bild von der Entwicklung ihres Kindes, das sie zu unterschiedlichen Reaktionen und Handlungen veranlasst. Dahinter stehen unterschiedliche Motive, verschiedene Ziele. Beide haben aber auch verschiedene Arten der Kommunikation. Sie sehen sich gegenüber der Lehrerin und gegenüber ihrem Kind in unterschiedlichen Rollen. Außerdem gehen beide verschieden mit Konflikten um.

All diese Faktoren spielen für die Zusammenarbeit von Eltern und Lehrern eine wichtige Rolle. Es ist daher notwendig, sie hier näher zu betrachten. Wir werden ihnen im Laufe dieses Buches an verschiedenen Stellen wieder begegnen.

2. Was kommt auf Eltern zu, wenn sie ihr Kind auf eine Waldorfschule schicken wollen?

Dem Entschluss der Eltern, ihr Kind auf eine Waldorfschule zu schicken, geht meist ein längerer Prozess der Überlegungen und der Suche voraus. In dieser Zeit entstehen die Motive, aus denen heraus man sich nach einer geeigneten Schule umschaut. Ein Motiv kann etwa sein, dass man schon früh nach einer menschengemäßen Erziehung für sein Kind sucht. Es liegt aber vielleicht auch in der Tatsache, dass das Kind spezielle Bedingungen mitbringt, die eine andere Form der Erziehung nahe legen, als sie in den staatlichen Schulen üblich ist. Das Motiv kann außerdem in den schlechten Schulerfahrungen der Eltern begründet sein, die sie ihrer Tochter oder ihrem Sohn ersparen möchten. Oder Kinder bekommen in einer anderen Schule solche Probleme, dass die Mütter und Väter unbedingt nach Alternativen suchen müssen. So werden jeweils die Beweggründe der Eltern und die Situation des Kindes auch die Art des ersten Kontaktes mit der Waldorfschule und die Art des Schuleintritts beeinflussen.

Motive für die Schulwahl

Haben nun Eltern spontan oder nach reiflicher Überlegung den Entschluss gefasst, ihr Kind auf eine Waldorfschule zu geben, werden sie konkret nach einer geeigneten Schule suchen. Und damit beginnt die Beziehung zwischen ihnen und der Schule, in gewisser Weise auch die Zusammenarbeit – sie findet aber meist in ziemlich ungewohnten Formen und Verfahren statt. Die wichtigsten Fragen werden jetzt sein: Wie bekomme ich für mein Kind einen Platz in der Waldorfschule? Wie geht das Aufnahmeverfahren vor sich, was muss ich dabei beachten?

Oft ist die erste Antwort beim Anruf in der Waldorfschule, dass alle Klassen voll seien und keine Aufnahme mehr möglich sei. Manchmal bekommt man erst auf intensiveres Nachfragen die Auskunft, man könne auf einer Warteliste geführt werden und habe bei frei werdenden Plätzen die Chance nachzurücken. Bei Schulen im Aufbau sieht dies meist anders aus, da dort oft noch genügend Platz in den Klassen ist, um weitere Kinder aufzunehmen. Mittlerweile gibt es aber so viele Waldorfschulen und andere Alternativen, dass auch in manchen «etablierten», älteren Waldorfschulen freie Schulplätze zu finden sind. Gibt es mehrere Waldorfschulen im näheren Umkreis, so wird man sich an verschiedene Schulen wenden können (ein internationales Verzeichnis der Waldorfschulen ist beim Bund der Freien Waldorfschulen erhältlich, s. S. 121).

Bei der Auskunft der Schule, die Klassen seien schon voll, werden manche Eltern bereits resignieren. Viele geben sich mit diesem Bescheid jedoch nicht zufrieden, vielleicht weil ihr Kind unbedingt eine andere Schule braucht oder weil sie überzeugt sind, dass nur die Waldorfschule für es in Frage kommt. So werden sie weiter versuchen, für ihr Kind einen Platz in dieser Schule zu bekommen. Sie werden persönlich in der Schule erscheinen, vielleicht auch mit dem Kind, oder werden Bekannte ansprechen, deren Sohn oder Tochter in der Waldorfschule ist. Die Eltern werden weitere Informationen über diese Schule herauszufinden suchen und zu diesem Zweck auch Veranstaltungen oder Arbeitskreise der Schule besuchen. So wachsen sie schon ein Stück in die Schule hinein und können auch besser prüfen, ob ihre Entscheidung richtig war.

Das Bemühen um einen Schulplatz

Man kann sich aber auch verschiedenen «Anfechtungen» aus dem Umfeld ausgesetzt sehen. So fragen Kollegen etwa: «Hat Ihr Kind das nötig? Es ist doch ganz normal.» In anderen Fällen kommt vielleicht Widerstand aus der Verwandtschaft oder dem Freundeskreis. Auf einmal hört man alle möglichen negativen Urteile über die Waldorfschule, die einen schwankend machen, ob dies wirklich die richtige Schulwahl ist. Man sieht sich immer wieder in die Lage versetzt, diese Entscheidung verteidigen

Anfechtungen aus dem Umfeld

zu müssen, und hat oft nicht die ausreichenden Argumente dafür, um Vorwürfe oder angebliche Nachteile dieser Schulform wirklich entkräften zu können. Dies ist ein zweites, oft erhebliches Hindernis auf dem Weg in die Waldorfschule. Es verhilft einem aber auch zu stärkerem Bewusstsein und zu einer Klärung der eigenen Position. Man wird sich mehr über die Waldorfschule informieren, eventuell Literatur hinzuziehen und Menschen fragen, die Waldorfschulen aus eigener Erfahrung kennen.

Was hat man nun bei einem Vorstellungstermin in etwa zu erwarten? Zunächst einmal geht es bei dem Aufnahmegespräch um pädagogische Fragen. In der Regel nehmen ein bis zwei Lehrer bzw. ein Therapeut, vielleicht die Heileurythmistin, und eventuell auch der Schularzt daran teil. Oft kommt für die Eltern die Situation etwas unvermutet, dass ihr Kind von ihnen getrennt wird und mit einem der beiden Lehrer, dem Therapeuten oder dem Schularzt in einen anderen Raum geht. Sie selbst kommen mit einem der Lehrer in ein ausführliches Gespräch, das sich nicht nur auf die jetzige Situation des Kindes bezieht, sondern bis zu den Bedingungen der Geburt und der Schwangerschaft zurückgeht.

Wie geht das Aufnahmeverfahren vor sich?

Der eine freut sich über dieses vertiefte Interesse für die Entwicklung seines Kindes – der andere empfindet es möglicherweise als zu weit gehendes Eindringen in die Privatsphäre der Familie. Deutlich kann aber daran werden, dass es bei einem solchen Aufnahmegespräch nicht nur um einen Wissens- oder Intelligenztest des Kindes geht. Es wird vielmehr versucht, möglichst viel von dieser Persönlichkeit zu erfahren, die als Schülerin oder Schüler in die Schule aufgenommen werden soll. Auch kann einem bei diesem Gespräch deutlich werden, dass man als Elternteil immer in diese Beziehung des Kindes zur Schule mit einverwoben ist. Der aufnehmende Lehrer muss sich immer dessen bewusst sein, in welcher Spannungssituation sich Eltern und Kind befinden, indem sie sich manchmal wie auf dem «Prüfstand» fühlen, und wie sehr sie von den beurteilenden Menschen abhängig sind. Die Vertreter der Schule sollten diese Aufnahmegespräche daher immer besonders taktvoll und sensibel führen.

Schwierigkeiten können auch auftreten, wenn sich durch die verschiedenen Übungen, die beim Vorstellungstermin mit dem Kind durchgeführt werden, beispielsweise motorische oder sprachliche Probleme oder andere Entwicklungsverzögerungen herausstellen, die die Eltern bisher noch nicht kannten oder die ihnen in dieser Intensität und Tragweite nicht bewusst waren. Sie fühlen sich vielleicht als Eltern in Frage gestellt oder schuldig, werden noch genauer befragt und müssen mit ihrem Kind eventuell sogar weitere ärztliche Untersuchungen durchführen lassen. Wenn sie die Probleme aber erkennen und die besondere Situation anzunehmen vermögen, kann dadurch eine intensivere Zusammenarbeit mit den Lehrern und der Schule entstehen.

Ist das pädagogische Aufnahmegespräch positiv verlaufen, dann ist für das Kind der Weg in eine Klasse frei. Als Nächstes steht ein rechtliches Aufnahmegespräch – oder Finanz- bzw. Wirtschaftsgespräch – an, das die rechtliche und finanzielle Seite des neuen Schulverhältnisses klären und regeln soll. Hier gibt es in den Waldorfschulen verschiedene Formen der Handhabung. Man sitzt entweder dem Geschäftsführer oder ein bis zwei Elternvertretern, die z.B. Mitglieder des Beitragskreises sind, oder aber auch Vorstandsmitgliedern gegenüber. Die Qualität dieser Gespräche kann ganz unterschiedlich sein, aber eines ist klar: Es geht um die finanzielle Beteiligung an den Kosten der Schule! Es kommt öfters vor, dass Eltern zuvor nicht genügend informiert worden sind, wie der finanzielle Beitrag für diese Schule auszusehen habe, manchmal wird ihnen sogar gesagt: «Am Finanziellen wird es bestimmt nicht scheitern.» Das mag sie im Vorfeld sehr beruhigt haben, nun werden sie aber mit klaren Forderungen und oft mit ganz ungewohnten Formen der Beitragsbemessung konfrontiert, nämlich z. B. mit einem Beitrag als Prozentsatz vom Einkommen. Eltern mit niedrigem Einkommen finden das erfreulich,

Das Finanzgespräch

Eltern mit hohem Einkommen muss es meist erst einmal als Form der Solidarität verständlich gemacht werden.

Ist man jedoch durch Einführungsveranstaltungen genügend über die rechtlichen und finanziellen Regelungen der Schule informiert, wird das Finanzgespräch meist überhaupt kein Problem sein. Es mag sogar anregend und interessant sein, für die finanziellen Notwendigkeiten einer Waldorfschule und für ein solidarisches Handeln in einer Schulgemeinschaft einen neuen Blick zu bekommen. Wenn der Beitritt zum Verein oder zur Genossenschaft und die Zahlung des Beitrages zu den Kosten der Schule durch Unterschrift geregelt sind, ist es endlich so weit, dass das Kind die Schule besuchen kann. Die Eltern und ihr Kind sind in die Schulgemeinschaft aufgenommen.

Der Beginn einer aktiven Mitgestaltung

Damit ist für die Eltern auch ein entscheidender Schritt verbunden. Waren sie zu Beginn noch eher unsicher oder skeptisch und fühlten sich als Außenstehende, ist für sie jetzt die Möglichkeit einer aktiven Mitgestaltung an «ihrer» Schule gegeben. Sie sind mitverantwortliche und gleichberechtigte Partner in einer Schulgemeinschaft. Viele Eltern entfalten in dieser Form der Zusammenarbeit ein großes Engagement und viel Initiative – unverzichtbar im Leben einer Waldorfschule und auch ein Vorbild für die Kinder, die erleben können, dass Erwachsene gemeinsam eine Sache aktiv zu gestalten vermögen.

Freie Waldorfschulen werden juristisch und finanziell durch die Eltern getragen, das heißt auch, dass diese sich mit ihrem Beitritt zum Rechtsträger der Schule, also dem Verein oder der Genossenschaft, zu einer finanziellen Trägerschaft verpflichtet haben. Andererseits würde die Waldorfschule nicht bestehen, wenn nicht die Eltern sie wollten. Es gibt keinen Träger hinter oder über der einzelnen Waldorfschule, der die Verantwortung übernimmt.

Allerdings gibt es durch den «Bund der Freien Waldorfschulen»[3] und vor allem dessen regionale Gliederungen, die «Landesarbeitsgemeinschaften der Freien Waldorfschulen», einen Arbeitszusammenhang, in dem nicht nur eine Gründungsberatung und -begleitung der Schule stattfindet, sondern in dem auch solidarische Hilfestellungen – etwa bei Notsituationen einzelner Waldorfschulen – gegeben werden (z.B. bei Brandschäden o.ä.).

Der Eintritt in eine Waldorfschule hat aber für Eltern nicht nur rechtliche und finanzielle Konsequenzen, dies ist mehr die Außenseite. Er ist vor allem auch mit Folgen für die eigene Freizeit verbunden, da Elternabende hier öfter als an einer anderen Schule stattfinden und darüber hinaus vielfältige Möglichkeiten in der Zusammenarbeit mit den Lehrern gegeben sind. Diese Art der Mitwirkung in der Schule ist von vielen Eltern immer wieder als große Chance erlebt worden, Neues zu erfahren, Neues zu lernen und neue Sozialformen mitzuentwickeln. Es entstehen viele menschliche Beziehungen zu Lehrern, zu anderen Eltern und zu Schülern, vor allem in der eigenen Klasse, aber auch in Arbeitsgruppen, Gremien etc., so dass sich der Lebensumkreis erheblich erweitert und man dabei neue Freunde gewinnen kann. Dazu gehört ebenso, soziale Spannungen, Probleme und Konflikte annehmen und aushalten zu lernen, denn die Waldorfschule ist keine heile Welt, wie manchmal fälschlicherweise behauptet wird. Bedingt durch ihr soziales Anliegen können solche Schwierigkeiten jedoch konstruktiv bearbeitet werden und bieten damit auch die Chance, soziale Fähigkeiten zu entwickeln und neue Formen des Miteinanders zu erproben.

Weitreichende Konsequenzen

Die größte Bedeutung hat der Eintritt in eine Waldorfschule für die ganze Erziehungspraxis der Eltern und damit für einen Teil ihrer Lebensgestaltung. Zur Waldorfpädagogik gehört – als Element der Anthroposophie –, dass jedes Kind als selbständiges Individuum mit einem eigenen Schicksal und eigenen Entwicklungsbedingungen gesehen wird. Daraus resultieren vielfältige Besonderheiten sowohl des Lehrplans als auch der Methodik bis hin zur Art der Leistungsmessung und -bewertung, die einem erst einmal ungewohnt und fremd sind. Dazu gehört auch die Einstellung, dass Entwicklungsschwierigkeiten und Lernprobleme genauso zum individuellen Weg eines Kindes gehören können wie seine Fähigkeiten und Begabungen und sich das Kind besonders durch die Überwindung solcher Schwierigkeiten neue Kräfte erwirbt. Hier ist eine intensivere inhaltliche Auseinandersetzung notwendig, um diese speziellen Bedingungen annehmen und verstehen zu können. Dies ist deshalb wichtig, weil die Kinder in der Regel gern in die Waldorfschule gehen und es als schmerzlich erleben, wenn ihre Eltern gegenüber dem Schulgeschehen Unverständnis zeigen und Kritik äußern. Hierdurch geraten sie in einen inneren Konflikt, der sie in Spannung versetzt und belastet, so dass sie Mittel und Wege suchen müssen, um damit innerlich und äußerlich fertig zu werden.

Eine inhaltliche Auseinandersetzung ist notwendig

Es ist deutlich geworden, dass der Entschluss, sein Kind in eine Waldorfschule zu schicken und damit Elternmitglied in einer solchen Schule zu werden, auch Hindernisse und Schwierigkeiten nach sich ziehen kann – ob diese nun in der manchmal mühsamen Suche nach einem «freien» Platz an einer Waldorfschule, in der Notwendigkeit, sich nach vielen Seiten hin rechtfertigen zu müssen, oder in der Art der verschiedenen Aufnahmegespräche liegen. Nicht wenige Eltern sehen sich hier mit einigen Hürden konfrontiert, und auf jeden Fall gehört auch der Mut dazu, einen ungewöhnlichen Weg der Schulbildung für sich und seine Kinder zu gehen. Andererseits kann es für Eltern wie für Lehrer begeisternd und fruchtbar sein, in ein gemeinsames Lerngeschehen einzutreten.

Man könnte sich fragen, ob dieser Prozess der Aufnahme in eine Waldorfschule denn «kundenfreundlich» ist und man den Vorgang nicht einfacher gestalten müsste. Schließlich könnte es ja zumindest für Schulen im Aufbau und für Schulen mit rückläufigen Schülerzahlen von Vorteil sein, mehr Schüler aufzunehmen. Aus meiner Erfahrung stehen jedoch einige wichtige Gesichtspunkte dagegen: Die starke Orientierung der Waldorfpädagogik an der Entwicklung des Kindes und die intensive Einbeziehung der Eltern in den Erziehungsprozess sind Aspekte, die die Waldorfschulen vom allgemeinen Schulwesen deutlich unterscheiden und mit vielen Konsequenzen verbunden sind. Von daher ist es gut, wenn verschiedene Kritikpunkte, Zweifel und Unsicherheiten schon im Vorfeld entstehen und dort geklärt werden können, nicht erst, wenn das Kind bereits in der Schule ist und durch eine Umorientierung der Eltern einen Schulwechsel durchmachen müsste. Zu den elementarsten Grundlagen der Waldorfpädagogik gehört ihr besonderes pädagogisches Programm, das Fehlen des üblichen Notendrucks und ein verstärktes künstlerisches und handwerkliches Angebot, außerdem die Mitwirkung und Unterstützung der Eltern in der Pädagogik wie im Finanziellen. Deshalb ist eine Kenntnis dieser Bedingungen und ein bewusstes Darauf-Eingehen unbedingt notwendig, damit die Eltern die für ihr Kind und für sie richtige Entscheidung treffen können.

Ein «kundenfreundlicheres» Aufnahmeverfahren?

3. Was bedeutet es, Lehrer an einer Waldorfschule zu sein?

Wenn wir die Zusammenarbeit von Eltern und Lehrern an einer Waldorfschule beschreiben, ist es notwendig, auch auf die besonderen Aufgaben und Arbeitsbedingungen des Waldorflehrers einzugehen. Denn die Erwartungen, die Eltern ihm gegenüber haben, und ihr Bild von ihm prägen auch entscheidend die Art ihres Zusammenwirkens. Deshalb soll hier wenigstens in aller Kürze die Situation des Waldorflehrers umrissen werden.

Mehr noch, als dies für Eltern zutrifft, steht man als Lehrer vor einer Grundsatzentscheidung, wenn man sich entschließt, an eine Waldorfschule zu gehen. Man muss bereit sein, vieles bisher Selbstverständliche in Frage zu stellen, ob das nun die Pädagogik, die eigene Sicht der Welt oder das Bild von sich selbst betrifft. So stellt die Waldorfpädagogik im Grunde höhere Anforderungen an den einzelnen Lehrer bezüglich seiner Möglichkeiten der Selbsterkenntnis und der persönlichen Entwicklung. Die Notwendigkeit, ständig dazuzulernen und sich weiterzubilden, gilt für den Waldorflehrer in besonderem Maße. Beispielsweise kann der Klassenlehrer seine umfangreichen und vielfältigen Aufgaben – eine Klasse acht Jahre lang in den verschiedensten Fächern zu unterrichten – nur bewältigen, wenn er sich die Inhalte und die Methodik des Unterrichts immer wieder neu erarbeitet und Neues dazulernt.

Höhere Anforderungen

Es gehört zu den Aufgaben des Waldorflehrers, sich mit einem Lehrplan vertraut zu machen, der ihm nur in groben Strichen einen Orientierungsrahmen vorgibt. Er muss ihn selbst kreativ so ausgestalten, dass die Inhalte und die verwendeten Methoden heilsam auf die seelische Entwicklung der Kinder wirken. Er sollte lernen, durch Selbstschulung seine Gedanken, seinen Willen und seine Gefühle so zu führen, dass er den pädagogischen Herausforderungen im Umgang mit den Schülern gewachsen ist. Und er wird sich darüber hinaus in die anthroposophische Menschenkunde einarbeiten, um daraus ein erweitertes Verständnis für die Entwicklungsbedingungen und -gesetzmäßigkeiten der Kinder und Jugendlichen zu gewinnen. Zu den Aufgaben des Waldorflehrers gehört also auch ein Studium der anthroposophischen Grundlagen der Waldorfpädagogik, das unter anderem die Auseinandersetzung mit den vielen pädagogischen Vorträgen Rudolf Steiners sowie dessen Anregungen für die pädagogische Praxis und die individuelle Schulung beinhaltet.

Da es an Waldorfschulen keine Benotung gibt und der Waldorflehrer keine daraus resultierenden Disziplinierungsmöglichkeiten hat, muss er bei jedem Kind an dessen individuellem Leistungswillen ansetzen können. Eine unentbehrliche Hilfe hierfür ist unter anderem die Zusammenarbeit in einem Klassenkollegium; dafür ist die Bereitschaft zur Teamarbeit erforderlich, eine erhöhte Teamfähigkeit sowie die Offenheit, sich von anderen Defizite und Fehler spiegeln zu lassen und daran zu arbeiten.

Zu diesen inneren Bedingungen kommen noch äußere hinzu, die in der speziellen Situation und der sozialen Form der Waldorfschule liegen. Auffällig ist hier zuerst, dass Waldorflehrer sehr viel mehr Zeit für die Beschäftigung mit ihren Klassen benötigen und mit der Aufarbeitung ihres Unterrichtes normalerweise länger beschäftigt sind als andere Lehrer. Weiterhin findet eine regelmäßige Konferenzarbeit statt, wöchentlich etwa drei bis sechs Stunden, in denen pädagogische und organisatorische Fragen besprochen werden. Da Waldorfschulen selbstverwaltete Einrichtungen sind und keinen Direktor haben, werden viele organisatorische und verwaltungstechnische Aufgaben von einzelnen Lehrern oder in Mandatsgruppen und Delegationen verantwortlich bearbeitet. Dadurch können die Lehrer vielfältige Fähigkeiten über die pädagogische Arbeit hinaus entwickeln, es ist aber mit einem erheblichen zusätzlichen Arbeitseinsatz verbunden. Auch die Grundsatzfragen der Schule wie Personaleinstellungen, Konzeptionsfragen und andere

Konferenzarbeit und Verwaltungsfragen

werden kollegial, in sogenannten Schulführungskonferenzen, bearbeitet und entschieden. Dies bedeutet auch eine bewusste Übernahme von unternehmerischer Verantwortung für die Entwicklung der eigenen Schule.

Mit dem Beruf des Waldorflehrers ist meist auch eine finanzielle Einschränkung verbunden. Die Waldorfkollegien haben in der Regel für sich selber geringere Gehälter beschlossen, da die finanzielle Ausstattung mit Mitteln durch staatliche Zuschüsse einerseits, durch die Trägerbeiträge der Eltern andererseits im Allgemeinen nicht ausreicht, das volle pädagogische Angebot der Waldorfschule bei «normalen» Gehältern (z.B. BAT) durchzuführen. So leisten die Lehrer in gleicher Weise wie die Eltern einen finanziellen Beitrag zum Bestehen der Schule, um zusätzliche Lehrkräfte für das «Waldorfprogramm» einstellen zu können.

Man muss den Einschränkungen und höheren Anforderungen aber auch die besonderen Möglichkeiten dieses Berufs gegenüberstellen, um ein ausgewogenes Bild zu erhalten. So kann der Waldorflehrer weitgehend selbstverantwortlich pädagogisch arbeiten, er kann vielfach eigene Kreativität entwickeln und pädagogisch umsetzen. Er arbeitet nicht isoliert, sondern kollegial, kooperativ mit anderen Lehrern und mit Eltern, im positiven Fall in einer Atmosphäre der gegenseitigen Unterstützung und der gemeinsamen Orientierung an der Entwicklung der Kinder und Jugendlichen.

Besondere Möglichkeiten des Waldorflehrers

Auch als Waldorflehrer hat man natürlich mit Problemen zu tun, doch in einer sozialen Umgebung, die sich in der Regel bemüht, diese Konflikte offen anzusprechen und konstruktiv zu bearbeiten. In vieler Hinsicht kann man solidarisches Verhalten und Hilfestellung für den Einzelnen aus der Gemeinschaft heraus erleben, in der Zusammenarbeit mit den Eltern viel Unterstützung, Gemeinsamkeiten und gegenseitige Förderung erfahren. Die tägliche Begegnung mit den Kindern oder Jugendlichen vermag zu erfrischen, zu begeistern und zu stärken, so dass die Schwierigkeiten demgegenüber in den Hintergrund treten bzw. bewältigt werden können. Man kann erleben, dass die eigene Arbeit einen Sinn hat, der Sinn des eigenen Lebens mit der Arbeit zusammenstimmt, dass sich Arbeit, Hobbys und Privatleben verbinden und ergänzen können.

4. Welche besonderen Bedingungen der Zusammenarbeit ergeben sich an Waldorfschulen?

Mit dem Begriff «Schule» verbindet jeder eine bestimmte eigene Vorstellung – entsprechend den eigenen Erfahrungen. Die unterschiedlichen Vorstellungen resultieren bereits aus den unterschiedlichen Schultypen, die die Einzelnen besucht haben. Gegenwärtig gehen ca. 6 Prozent der Schüler in Deutschland auf eine Freie Schule und ca. 0,6 Prozent auf eine Freie Waldorfschule. Es erscheint daher sinnvoll, zunächst darauf einzugehen, wie sich die besonderen Bedingungen und pädagogischen Formen der Waldorfschule – im Vergleich zu staatlichen Schulen und zu anderen Freien Schulen – auf die Zusammenarbeit zwischen Eltern und Lehrern auswirken.

Das *staatliche Schulsystem* ist in Deutschland bisher noch voll durchorganisiert und zentral verwaltet und hat den großen Vorteil, dass es allen Eltern gratis zur Verfügung steht. Die Beteiligung der Eltern am Schulleben ist durch die Schulgesetze und die Verordnungen der einzelnen Länder über die Elternbeiräte geregelt. Hier sind sowohl die Wahlverfahren als auch die Rechte zur Anhörung bei wichtigen, die Eltern betreffenden Fragen festgelegt. In den letzten Jahren hat aber in allen deutschen Bundesländern eine Bewegung zu mehr Autonomie der einzelnen staatlichen Schule eingesetzt, die u.a. auch durch das Beispiel der Freien Schulen ausgelöst und angeregt wurde.

Elternmitwirkung an staatlichen und an Freien Schulen

Freie Schulen unterscheiden sich von staatlichen vor allem dadurch, dass sie einen «privaten» Träger haben, der die Schule betreibt. Die meisten Freien Schulen werden von den beiden großen Kirchen bzw. daraus hervorgegangenen Schulstiftungen o.ä. getragen. Sowohl die überwiegende Zahl der kirchlichen Schulen als auch die Landerziehungsheime halten sich an den staatlich vorgegebenen Lehrplan und bieten gegebenenfalls ergänzende Kurse und Leistungen an. Nur einige wenige Experimentierschulen haben Sonderregelungen für ihre Lehrpläne erreicht (während die Waldorfschulen seit 1919 ein ganz eigenständiges Curriculum haben, das sich an der kindlichen Entwicklung orientiert und deshalb zum Teil erheblich von den staatlichen Lehrplänen abweicht).

Die Finanzierung der Freien Schulen erfolgt zu einem größeren Teil über Landeszuschüsse, wobei die verschiedenen Bundesländer unterschiedliche Regelungen getroffen haben. Allen Freien Schulen gemeinsam ist jedoch, dass entweder die Kirchen oder ein anderer Träger oder die Eltern sich an ihrer Finanzierung beteiligen müssen. Die Rolle der Eltern ist hier ganz unterschiedlich definiert. Ihr Engagement ist an Freien Schulen bisher aber generell größer als an Schulen in öffentlicher Trägerschaft, da sie aufgrund der besonderen Schulwahl und des finanziellen Beitrags stärker an der Schule interessiert sind. Die Formen der Elternbeteiligung sind zum Teil an den Regelungen für die staatlichen Schulen orientiert.

Regelungen in der ersten Waldorfschule

Schon in der ersten *Freien Waldorfschule* in Stuttgart-Uhlandshöhe finden wir ab dem Jahr 1919 einerseits eine sich selbst verwaltende Lehrerschaft, die in einer ausgeprägten kollegialen Zusammenarbeit die Waldorfpädagogik unter der Anleitung und «Supervision» Rudolf Steiners erarbeitet, und andererseits den Schulverein als Schulträger, maßgeblich geprägt von Emil Molt, dem Direktor der Waldorf-Astoria Zigarettenfabrik (von der dieser Schultyp seinen Namen hat), der sein nicht unerhebliches privates Vermögen in den Aufbau dieser Schule für die Kinder der Arbeiter seiner Firma investiert. Der damaligen Zeit entsprechend taucht die Frage nach Mitbestimmung der Eltern in der heutigen Form noch nicht auf. Rudolf Steiner weist jedoch vielfach darauf hin, dass die Lehrer und Eltern einen gemeinsamen Erziehungsauftrag haben und deshalb zur Förderung der Entwicklung der Kinder zusammenarbeiten müssen.

Das Grundmuster – die Lehrer «machen» die Schule, und die Eltern sorgen dafür, dass die finanziellen und räumlichen Bedingungen dafür geschaffen werden – finden wir in den Waldorfschulen bis in die siebziger Jahre hinein. Das erhöhte Bewusstsein für Bildungsfragen in den sechziger Jahren und die Impulse der 68er-Studentenbewegung, in deren Folge die antiautoritäre Erziehung von A.S. Neill viel Interesse findet[4] und andere Erziehungsmodelle diskutiert werden, bewirken auch, dass sich die Eltern mit der Erziehung ihrer Kinder immer bewusster auseinander setzen und für sie gezielt nach geeigneten Ausbildungsmöglichkeiten suchen. So entstehen im Anschluss daran einerseits viele antiautoritäre Kindergärten und Ansätze für Freie Schulen, andererseits erhalten auch die bis dahin nur in geringer Zahl in Deutschland vertretenen Waldorfschulen (ca. 25) Anfang der siebziger Jahre einen großen Aufschwung durch Initiativen von Eltern, die solch eine Schule für ihre Kinder gründen wollen.

Wandel zu Beginn der 70er Jahre

Damit ändert sich aber auch grundsätzlich die Rolle der Eltern in allen Schulen. In den staatlichen Schulen werden die Elternbeiräte eingeführt und die Mitbestimmungsrechte der Eltern verankert. In den Waldorfschulen interessieren sich Mütter und Väter immer stärker für das pädagogische Konzept und wollen dieses kennen und verstehen lernen. In den neuen Waldorfschulen der siebziger Jahre, die nun in der Regel keine Lehrergründungen mehr sind, sondern Elterngründungen, ist meistens von vornherein ein partnerschaftliches Verhältnis zwischen Eltern und Lehrern angelegt, insbesondere solange sich die aufbauenden Schulen noch in der Gründungsphase befinden und noch klein sind.

Die Waldorfschulen unterscheiden sich von anderen Freien Schulen auch heute nach wie vor grundlegend dadurch, dass sie immer von Eltern und Lehrern gemeinsam getragen werden, meist in der Form von Vereinen, aber auch in der Form von Genossenschaften. Das

Eltern-Lehrer-Trägerschaft

bedeutet: Eltern und Lehrer übernehmen gemeinsam die volle Verantwortung für den Betrieb der Schule.

Soviel zu den äußeren Verhältnissen der Elternbeteiligung in den verschiedenen Schultypen. Ebenso beeinflusst die Art der Schule selbstverständlich die innere Einstellung der Eltern ihr gegenüber, das innere Verhältnis zu ihr. Schule erweist sich hier als ein besonderes soziales Feld, das stark von Erwartungen, Ängsten, Hoffnungen, Idealen bestimmt ist. Das gilt in verstärktem Maße für Waldorfschulen; ihre Besonderheiten prägen, wie sich im Folgenden zeigen wird, auch die Art der Eltern-Lehrer-Arbeit.

Jede Schule ist in vielfacher Weise ein entscheidender Ort, denn jeder Mensch geht während einer längeren, für seine Entwicklung sehr wichtigen Zeit in eine Schule und hat dort positive und negative Erlebnisse. Wenn sich ehemalige Schulkameraden – oft nach vielen Jahren – wieder treffen und dann über die vergangenen Zeiten ins Erzählen kommen, kann man manchmal den Eindruck gewinnen, dass auch bei den inzwischen erwachsenen Menschen noch etwas von den Gefühlen der Abhängigkeit, der Machtlosigkeit, dem Ausgeliefertsein gegenüber den Lehrern mitschwingt. Bei vielen Menschen überwiegen die negativen Erinnerungen an die Schulzeit. Selten habe ich jemanden getroffen, der mit Überzeugung sagte: «Ich bin gerne in die Schule gegangen.» Für jeden gibt es zwar einzelne Lehrer, die ihm Vorbild waren und die er verehrt hat, aber meistens sind es wenige Lichtblicke in einer sonst eher düsteren Schulerinnerung. Diese Erinnerungen schlummern in uns allen, meist völlig unbewusst und sehr versteckt, in den Untergründen der Seele. Sie prägen jedoch unser Verhältnis zu Schule und zu Lehrern.

Die Bedeutung der eigenen Schulerfahrungen

Man kann sich auch als Erwachsener, wenn man z.B. als Schülermutter oder Schülervater einem Lehrer gegenüber steht, immer wieder dabei ertappen, dass man eine gewisse Befangenheit oder Abhängigkeit, einen Widerspruchswillen oder einen Unabhängigkeitsdrang in sich verspürt. Diese oft sehr feinen, kaum merklichen

Regungen in den eigenen Gefühlen können ihren Ursprung in den oben beschriebenen eigenen Schulerfahrungen haben. Gelingt es, sich dieser Gefühle klarzuwerden und herauszufinden, von welchen Situationen und Erlebnissen sie herrühren, so ist es allmählich auch möglich, die Erlebnisse der richtigen eigenen Altersstufe zuzuordnen. Dann ergibt sich ein freieres, aus der jetzigen Erwachsenenrolle heraus gestaltetes Verhältnis zur Schule und zu den Lehrern seiner eigenen Kinder.

In der Waldorfschule bekommen solche Zusammenhänge noch eine andere Dimension, da die Eltern vor dem beschriebenen Erfahrungshintergrund hohe Erwartungen an diese besondere Schulform haben, vor allem die Erwartung, dass sie die negativen Erlebnisse, die sie selber hatten, nicht vermittelt. Bei vielen Müttern und Vätern ist das ein wesentliches Motiv für die Wahl der Waldorfschule als «menschlichere» Schule. Hier baut sich oft schon im Vorfeld des Schulbesuchs der eigenen Kinder und dann in den ersten Jahren ihrer Schulzeit ein hohes Erwartungspotential auf, das in einer staatlichen Schule in dieser Weise gar nicht besteht. So ist auch die Möglichkeit, enttäuscht zu werden, sehr groß – viel größer als bei einer staatlichen Schule.

Hohe Erwartungen an die Waldorfschule

Zum anderen ist es ganz normal, dass überall dort, wo Lehrer mit Kindern tätig sind, menschliche Schwächen zum Tragen kommen und Probleme, Konflikte entstehen, so auch in der Waldorfschule. Die Lehrer stehen dadurch nicht nur unter einem hohen inhaltlichen, sondern auch einem hohen menschlichen Leistungsdruck, was einerseits Fehler provoziert, andererseits Verhaltensformen oder Eigenarten als Defizite erscheinen lässt, die man anderswo noch normal fände.

Das Ideal, wie ein Waldorflehrer eigentlich zu sein hat, wird vielfach von den Eltern so hoch angesetzt – er soll kreativ, warmherzig, lebendig, in allen Sachgebieten ein liebevoller Lehrer und Begleiter der Kinder, ein Berater in schwierigen Lebenslagen usw. sein –, dass kaum jemand diesem Bild mit seinen vielfältigen Anforderungen entsprechen kann. Der Lehrer wiederum, der ja bewusst Waldorflehrer geworden ist, hat selbst einen hohen pädagogischen und moralischen Anspruch an seine Arbeit und empfindet sie deshalb als ungenügend gegenüber den eigenen Idealen. Auch erwartet er häufig, wenn er selbst sich schon so stark für die Kinder und deren Entwicklung einsetzt, dass die Eltern dies in ähnlicher Weise ebenfalls tun, zumindest aber sein Bemühen anerkennen und ihn dabei unterstützen. Hinzu kommen bestimmte menschliche Verhaltensweisen, die die Zusammenarbeit noch weiter erschweren können und konfliktträchtiger machen. Ich meine damit z. B. die Tendenz, dass diese Gefühle und Erwartungen unbewusst bleiben: Der jeweilige Mensch identifiziert sich so damit, dass er sie für selbstverständlich hält, sie gar nicht bemerkt und deswegen auch nicht reflektieren kann.

Die starke Identifikation mit den eigenen Erwartungen und Idealen gibt Lehrern wie Eltern viel Energie für die Arbeit und das Durchstehen von Schwierigkeiten, sie bildet aber auch den idealen Boden für Enttäuschungen und daraus resultierende Spannungen und Konflikte. Außerdem geht sie oft mit der Neigung einher, die Probleme nicht bei sich, sondern beim anderen zu suchen, so dass die Enttäuschungen dann in anderen Menschen personifiziert bzw. auf diese projiziert werden.

Der pädagogische Ansatz: Im Mittelpunkt steht das Kind

Im Mittelpunkt der Waldorfpädagogik stehen die Kinder, um derentwillen Schule veranstaltet wird und um derentwillen die Eltern viele Mühen und Opfer auf sich nehmen. Die Lehrer stellen sie ins Zentrum des täglichen Bemühens, für die Eltern sind sie die Indikatoren für die Qualität der Schule, dafür, dass ihre Schulwahl richtig war und ihre Bemühungen für diese Schule sich lohnen. Sind nämlich die Kinder auf einmal unzufrieden mit der Waldorfschule, so hat das häufig eine Krise in der Beziehung der Eltern zur Schule zur Folge, meist ohne dass es in diesem Prozess zu einer Verständigung zwischen Eltern und Lehrern gekommen wäre.

Dass dies in der Waldorfschule stärker zum Tragen kommt als in anderen Schulen, liegt neben den höheren Erwartungen auch an der Waldorfschule selbst, da sie in ihrem Lehrplan und in ihrer Methode so verschieden von anderen Schulen ist, dass der direkte Vergleich mit dem gleichaltrigen Schüler einer staatlichen Schule immer problematisch ist. Weiterhin wird hier den Kindern viel Entwicklungsraum gegeben, so dass die Entwicklungskrisen des Kindes- und Jugendalters unter Umständen sehr viel deutlicher zum Vorschein kommen und kräftiger ausgelebt werden können als in manchen anderen Schulen. Diese Krisen entsprechen nicht unbedingt der Idealvorstellung der Eltern von einer harmonischen Entwicklung des Kindes in der Schule und bewirken dadurch möglicherweise entsprechende Enttäuschungen, Kritik und Schuldzuweisungen.

Leitbilder und mögliche Missverständnisse

Hier sind verschiedene Leitbilder der Waldorfpädagogik in Gefahr, missverstanden zu werden, wie z.B. das Leitbild der «heilenden Erziehung», das meint, dass Erziehung eigentlich ein ständiger Heilungsprozess in der Entwicklung des Menschen sein sollte. Verwechselt wird es häufig mit der Vorstellung einer «heilen Erziehung» oder von «heilen Kindern». Wenn man sich intensiver mit Heilungsprozessen beschäftigt, weiß man jedoch, dass diese in der Regel mit Krisen einhergehen; sie zeichnen sich gerade dadurch aus, dass sich bestimmte Krankheitssymptome vorübergehend verstärken oder auch neue Symptome auftauchen können. Wer dies alles nicht mitbedenkt, wird sich von dem Begriff «heilende Erziehung» leicht falsche Vorstellungen machen. Diese «Täuschungen» müssen dann fast zwangsläufig zu «Ent-Täuschungen» führen.

Ein weiteres leicht missverstandenes Leitbild der Waldorfpädagogik ist die genannte Ausrichtung auf das einzelne Kind und dessen Entwicklung. Der pädagogische Ansatz «Im Mittelpunkt steht das Kind» macht die Waldorfschule für viele Eltern interessant. Es zeigt sich aber immer wieder, dass man ihn ganz unterschiedlich auslegen kann. Manche Eltern glauben, ein Lehrer könnte auch bei dreißig und mehr Schülern in der Klasse ihr eigenes Kind in den Mittelpunkt stellen, und die Tendenz, die das Kind von zu Hause gewöhnt ist, nämlich (z.B. als Einzelkind) alle Aufmerksamkeit der Erwachsenen für sich zu haben, sollte sich in der Schule fortsetzen. Spätestens nach den ersten Wochen in der 1. Klasse, wenn die Kinder lernen, zu einer Klassengemeinschaft zusammenzuwachsen und sich in sie einzufügen, wird deutlich, dass dieser Leitsatz etwas anderes meint, nämlich die Entwicklung des einzelnen Kindes als Teil der Gemeinschaft. Wenn nicht gleich zu Anfang – oder besser noch vor Beginn der 1. Klasse – eine intensive Zusammenarbeit von Eltern und Klassenlehrer einsetzt, in der erklärt wird, dass man hier sowohl das einzelne Kind wie die ganze Klassengemeinschaft und vor allem eine kindgerechte Pädagogik im Blick hat, sind Missverständnisse und daraus resultierende Enttäuschungen unvermeidlich. Deshalb werden an den meisten Waldorfschulen schon vor Schulbeginn Einführungskurse gegeben und zu Beginn der 1. Klasse relativ häufig Elternabende abgehalten, um die neuen Eltern mit den Grundlagen dieser Pädagogik vertraut zu machen.

Wenn neue Eltern mit diesen anderen Inhalten, anderen Fächern, anderen Unterrichtsformen und Vorgehensweisen im Laufe der Zeit bekannt werden, sollte durch die Lehrer vermittelt werden können, dass es sich hier nicht um zufällige Experimente mit den Kindern handelt, sondern dass die Unterrichtsinhalte und -methoden aus einem entwicklungspädagogischen Ansatz erwachsen, über viele Jahrzehnte erprobt und weiterentwickelt wurden, einem Ansatz, der davon ausgeht, dass Kinder altersspezifisch unterschiedliche Möglichkeiten haben und unterschiedliche Fähigkeiten entwickeln können, die sich vom Bewusstsein und Erleben der Erwachsenen zum Teil stark abheben. So will die Waldorfpädagogik die Kinder schrittweise vom kindlichen Bewusstsein und Erleben in ein immer wacheres Denken, Fühlen und Wollen bis hin zum möglichst selbständigen und selbstbestimmten jungen Erwachsenen führen.

Der entwicklungspädagogische Ansatz

Da die Waldorfschule 1919 aus der (auf der Grundlage der Anthroposophie entstandenen) Bewegung zur sozialen Erneuerung, der sogenannten «Dreigliederungsbewegung»,[5] hervorgegangen ist, finden sich in ihr viele Ansätze nicht nur zur pädagogischen Erneuerung, sondern auch zur Neugestaltung der sozialen Verhältnisse. Dazu gehört das Prinzip der Selbstverwaltung der Schule durch die Lehrer, was beinhaltet, dass es keinen Direktor und keine Weisungshierarchie gibt; die Waldorfschule baut vielmehr ganz auf der Selbstverantwortung des Einzelnen auf. Diesem zentralen Erziehungsziel, die Menschen zu selbstverantwortlichen Persönlichkeiten zu erziehen, kommt daher auch eine erhebliche pädagogische Bedeutung zu. Bei der Gestaltung der Elternbeiträge haben die Waldorfschulen ebenfalls beispielhafte soziale Formen der Solidarität und der gegenseitigen Unterstützung entwickelt. Besondere Formen des sozialen Lernens und die Entwicklung sozialer Kompetenzen bewirkt auch das Prinzip der Integration von Kindern mit ganz unterschiedlichen Begabungen, Schwierigkeiten und Möglichkeiten in Jahrgangsklassen über zwölf Jahre hinweg.

Soziale Aspekte

Die neuen Eltern werden in der Waldorfschule verschiedenen Aspekten einer ihnen vielleicht bis dahin unbekannten Weltsicht begegnen. Es wird nicht erwartet, dass sie in irgendeiner Weise übernommen wird, sie gehört aber so zur Waldorfpädagogik dazu, dass man in der Lage sein muss, sie zu tolerieren, will man weiter mit dieser Schule leben können. Diese Weltsicht beinhaltet auf der Grundlage des anthroposophischen Weges einer persönlichen Schulung eine grundsätzlich christliche Weltsicht und Lebenseinstellung, so dass gerade in den ersten Jahren ein Großteil des Unterrichts von einer religiösen Grundstimmung getragen ist. Weiterhin begegnet man einem Denkansatz, der wiederholte Erdenleben für möglich hält und daraus einen tiefen Respekt vor jeder menschlichen und daher auch vor jeder kindlichen Individualität schöpft.

Waldorfpädagogik und Anthroposophie

Die Begabungs- und Leistungsunterschiede innerhalb der Klasse führen zu positiven Ergänzungen der Kinder untereinander und zu gegenseitiger Hilfe – natürlich auch zu Spannungen und Konflikten, die jedoch positiv zu sehen sind, da sie soziales Lernen ermöglichen. In diese Konflikte sind die Eltern in der Regel relativ stark eingebunden. So ist neben der Zusammenarbeit mit den Lehrern eine vielfältige Kommunikation und Kooperation innerhalb der Klassen-Elternschaft nötig. Das führt auch unter den Müttern und Vätern zur Bildung einer «Klassengemeinschaft». Dazu trägt auch das gemeinsame Feiern der Jahresfeste bei, das nicht nur für die Kinder in der Klasse stattfindet, sondern in das die Eltern auf vielfältige Weise einbezogen sind: bei Michaeli- oder Adventsfeiern, einem kleinen Weihnachtsspiel, Faschings- oder Osterfeiern, einem Frühlings- oder Sommerfest, gemeinsamen Wanderungen oder Ausflügen, Besichtigungen usw.

Zusammenarbeit innerhalb der Klassen-Elternschaft

Ein empfindlicher Punkt im Verhältnis zwischen Eltern und Lehrern hängt mit dem Thema «Strafen» zusammen. Gerade der Bereich der Schule ist für viele Eltern verdächtig, Formen der «Bestrafung» zu praktizieren, die mit der eigenen Erziehungspraxis nicht übereinstimmen. Schon der Begriff «Strafe» ist heute bei einer großen Zahl von Menschen negativ besetzt und durch die Assoziation mit «körperlicher Strafe» belastet, da sie sofort an Ohrfeigen, Kopfnüsse, Prügel oder ähnliches denken. Deshalb ist hier von vornherein eine offene Kooperation von Eltern und Lehrern nötig, um klare Verhältnisse zu schaffen. Ganz dringend sollte von Anfang an in jeder Klasse dieses Thema besprochen werden.

Es ist nämlich unumgänglich, dass für eine Schar quicklebendiger Erstklässler gewisse Grenzen gesetzt werden müssen, um zu geregelten Lebens- und Lernformen in der Klasse zu kommen – und dass bei Überschreitung der Grenzen auch gewisse Sanktionen nötig sind. Diese sollten aber immer von Liebe zum einzelnen Kind getragen sein, ihm helfen, sich in die Gemeinschaft einzufügen, und seelisch nicht verletzend wirken. Körperliche Übergriffe verbieten sich sowieso von vornherein, sie stellen eigentlich immer eine pädagogische Bankrotterklärung dar. Sie machen dem Kind Angst und zerstören so das Vertrauensverhältnis zwischen ihm und dem Lehrer, das für eine gesunde Lernentwicklung notwendig ist. Dies sollten Lehrer und Eltern schon zu Beginn der 1. Klasse im offenen Gespräch klären, indem sie über den Sinn von Konsequenzen und die hier möglichen, geeigneten Formen sprechen und Spielregeln vereinbaren.

Strafen und disziplinierende Maßnahmen

Trotzdem können Empfindlichkeiten auftreten, wenn ein Kind sich ungerecht behandelt fühlt und in der Folge auch die Eltern sich mit ihm ungerecht behandelt fühlen. Deshalb ist eine Verständigung zwischen Eltern und Lehrern über die Formen des Zusammenlebens in der Schule und über disziplinierende Maßnahmen in allen Altersstufen dringend nötig und ein offener Diskurs darüber unabdingbar, damit hier keine unnötigen Ängste entstehen, aber offen über eventuell vorkommende Disziplinprobleme gesprochen werden kann.

Die genannten Beispiele zeigen, dass von Anfang an in der Waldorfschule ein hoher Informationsbedarf seitens der Eltern vorhanden ist, der in einem offenen Dialog zwischen ihnen und den Lehrern befriedigt werden sollte. Natürlich besteht immer auch die Gefahr, dass Waldorfschule für Eltern wie für Lehrer zu einer tradierten Form wird, in der man «es eben so macht». Gerade dies aber widerspricht der Waldorfpädagogik als sich ständig weiterentwickelnder Begegnung zwischen Lehrern und Kindern sowie zwischen Eltern und Lehrern in der gemeinsamen Erziehung der Kinder.

Hoher Informationsbedarf

Eine besondere Pädagogik erzeugt also auch besondere Erwartungen, die sich teilweise in einem immerwährenden Erwarten von «Besonderem» äußern, Besonderem im Pädagogischen wie im Sozialen einer Waldorfschule. Doch alles Besondere unterliegt der Gewöhnung und wird so zum «Normalen». Insofern bemerken viele Waldorflehrer, -eltern und -schüler nach einer gewissen Zeit gar nicht mehr, was hier alles anders ist. Oft sind es dann Kinder, die als Quereinsteiger in höheren Klassen in die Waldorfschulen kommen, deren Eltern, Praktikanten oder Hospitanten, die die Besonderheiten der Waldorfschule wieder ins Bewusstsein rufen. Immer wieder kann man von ihnen hören: «Ihr wisst ja gar nicht, wie gut ihr es habt!»

5. Das Verhältnis zwischen Eltern und Lehrern. Verschiedene Formen der Kooperation

Die Frage nach dem Verhältnis zwischen Eltern und Lehrern muss Verwunderung hervorrufen, wenn man die Gepflogenheiten in der staatlichen Schule vor Augen hat, wo meist keine persönliche Beziehung zwischen ihnen innerhalb des Schulbereichs besteht. Die Kontakte beschränken sich dort in der Regel darauf, dass man sich einmal im Jahr auf einem Elternabend sieht oder Eltern bei Problemen in die Sprechstunde des Lehrers kommen, um dort Informationen über ihre Tochter oder ihren Sohn zu erhalten. Ein näheres persönliches Kennenlernen ist die seltene Ausnahme und auf den Bereich der persönlichen Freundschaften beschränkt.

Das Bemühen um persönliche Kontakte

Die Waldorfschule hat hier einen grundsätzlich anderen Ansatz. Schon im Vorfeld, vor der Anmeldung des Kindes, wird versucht, durch Informationsabende, Demonstrationsunterricht, einzelne Informationsgespräche mit Eltern und Lehrern allen Beteiligten die Möglichkeit zu geben, sich gegenseitig persönlich kennen zu lernen.

Auch im Aufnahmegespräch wird nicht nur mit dem Kind gearbeitet, um es wahrzunehmen und seine Schulreife zu prüfen, sondern auch ein ausführliches Gespräch mit möglichst beiden Elternteilen geführt – soweit es sich nicht um Alleinerziehende handelt. Dadurch wird ein persönlicher Kontakt hergestellt, und man kann gegenseitig erfahren, mit wem man in den nächsten Jahren zusammenarbeiten wird. Das Kind ist der Anlass der Beziehung und steht im Mittelpunkt der Bemühungen von Eltern und Lehrern. Dies ist die Signatur der Zusammenarbeit durch die ganze Schulzeit hindurch: Eltern und Lehrer arbeiten zusammen, um dem Kind möglichst gute Entwicklungsmöglichkeiten zu geben. Schon vom ersten Gespräch, von der ersten Begegnung an sowie auf jedem Elternabend wird der Klassenlehrer versuchen, einen guten Kontakt zu allen Eltern herzustellen.

Diese Kooperation im Bemühen um die gesunde Entwicklung der Kinder ist die Basis für die pädagogische Arbeit der Waldorfschule. Sie ist auch die Basis für eine positive Grundeinstellung der Kinder zur Schule, so dass sie gerne in die Schule gehen und lernen wollen, was eigentlich ein Anliegen aller Kinder ist.

Der Ansatz der gemeinsamen Erziehung durch Eltern und Lehrer ist eine der Stärken der Waldorfschule. Er stellt aber hohe Anforderungen an den einzelnen Lehrer, da er mit ganz verschiedenen Menschen, die er sich sicher zum größten Teil nie als persönliche Freunde ausgesucht hätte, näher bekannt werden und eine Basis der Zusammenarbeit finden muss. Zugleich ist es eine Aufgabe für die Eltern, die nun mit einem Lehrer zusammenarbeiten sollen, den sie vielleicht erst einmal gar nicht sympathisch finden. Hier ist von beiden Seiten Offenheit und Toleranz gefordert, die um der Förderung der Kinder willen über das im normalen Geschäftsleben geübte Maß weit hinausgeht.

Der gemeinsame Erziehungsauftrag

So kann diese grundsätzliche Stärke der Waldorfschule auch schnell zur Schwäche werden – wenn nämlich die beteiligten Menschen, aus welchen Gründen auch immer, diesen Ansatz nur als Gedanken gut finden, aber nicht fähig sind, ihn auch im praktischen Leben zu realisieren. Gerade an diesem Punkt entstehen unter Umständen bittere Enttäuschungen und herbe persönliche Konflikte; möglicherweise kommt die Verständigung und die Beziehung zwischen Eltern und Lehrern nicht in der richtigen Weise zustande, ist gestört, oder – was häufig noch schlimmer ist – ein vorher gutes Verhältnis schlägt durch irgendwelche Ereignisse in das Gegenteil um. Aus meiner Sicht ist es jedoch völlig normal, dass bei einem intensiveren Zusammenarbeiten auch größere Differenzen, Enttäu-

Enttäuschungen und Konflikte

schungen und auch mehr Aggressionen entstehen, als wenn das Verhältnis nur lose ist oder eigentlich gar nicht besteht. Das Thema «Konflikte» wird hier nicht weiter ausgeführt, da es eine umfangreichere Darstellung erfordern würde.[6]

Eine große Hilfe für eine konstruktive Zusammenarbeit von Eltern und Lehrern ist die bereits erwähnte Konzentration auf den gemeinsamen Bezugspunkt, das Kind. Um die Entwicklung des Kindes geht es, und so kann eine konsequente Orientierung am Kind helfen, manche Differenzen zwischen den Erwachsenen zu überbrücken. Dies setzt allerdings eine gewisse persönliche Reife voraus und die Bereitschaft, auch als Erwachsener noch etwas zu lernen. Hilfreich ist weiterhin, wenn alle Beteiligten sich bemühen, das Kind und seine Entwicklung wirklich wahrnehmen zu lernen, d.h. nicht nur Meinungen darüber zu haben, was sein sollte, sondern wirklich beobachten zu lernen, wie das Kind sich äußert, wie es sich verändert, was das Besondere an ihm ist.

Die Entwicklung wahrnehmen lernen

Dann können Eltern und Lehrer in diesem gemeinsamen Verhältnis sehr viel voneinander und vor allem am Kind lernen. Dessen Entwicklung von einem weitgehend von seiner Umwelt abhängigen Wesen bis zu einer selbstbewussten und selbstbestimmt handelnden Individualität ist ein weiter und bewegter Weg und damit ein reiches Lernfeld nicht nur für das Kind, den Jugendlichen, sondern auch für die begleitenden Erwachsenen, wenn sie die darin enthaltenen Möglichkeiten bewusst ergreifen. Daraus kann verständlich werden, warum es trotz aller Schwierigkeiten und Schwächen der Waldorfschulen eine so große Anzahl letztlich zufriedener Eltern, Lehrer und Schüler gibt.

Die Zusammenarbeit zwischen Eltern und Lehrern wird durch eine Fülle unterschiedlicher Formen ermöglicht. Für die Mitarbeit der Elternschaft an der Waldorfschule eröffnet sich ein weites Feld. Neben den vielfältigen persönlichen Kontakten zur gegenseitigen Information über die Situation des Kindes gibt es zahlreiche Möglichkeiten, innerhalb des Ganzen der Schule mitzuwirken. Dabei können wir unterschiedliche Dimensionen einer solchen Zusammenarbeit feststellen.

Zum einen lassen sich verschiedene *soziale Dimensionen* unterscheiden: das Einzelgespräch zwischen einem Elternhaus und dem Lehrer; das Gespräch von Elterngruppen einer Klasse mit dem Lehrer oder den Lehrern der Klasse (z.B. regionale Gruppen, die Eltern der «schwierigen» Schüler, die Eltern der «schwachen» Schüler, die Eltern der hoch begabten Schüler etc.); Begegnung der ganzen Klassenelternschaft mit dem/den Lehrer(n); Begegnung von Eltern und Lehrern auf der Ebene der ganzen Schule; auf regionaler Ebene; auf der Ebene des Bundes der Freien Waldorfschulen; auf der Ebene des European Council. Auf jeder dieser Ebenen finden wir ähnliche, aber auch spezifisch verschiedene Bedingungen, Themen und Möglichkeiten der Begegnung.

Soziale Dimensionen der Zusammenarbeit

Ein weiterer Unterschied liegt in *Zweck und Ziel* der Begegnung, wobei wir hauptsächlich folgende *funktionelle Dimensionen* antreffen: a) Information; b) gemeinsame Beratung; c) Entscheidungen, die sich wiederum gliedern lassen in Innovations-, Routine- und Krisenentscheidungen.

Funktionelle Dimensionen

Weiterhin kann man die Begegnungen zwischen Eltern und Lehrern in der *sachlichen Dimension* nach den Inhalten in Sachgebiete ordnen, z.B. – ohne Wertung der Reihenfolge – in allgemeine und spezielle pädagogische Fragen; organisatorische Fragen; soziale Fragen; Grundsatz- und Konzeptionsfragen der Schule; Rechts- und Finanzfragen; bildungspolitische Fragen; Öffentlichkeitsarbeit; Bauaufgaben.

Sachliche Dimensionen

Nach dieser allgemeinen Übersicht seien hier die einzelnen Formen der Zusammenarbeit zwischen Eltern und Lehrern in der Waldorfschule vor allem im Hinblick auf die soziale und die sachliche Dimension dargestellt.

Überall, wo sich Menschen verständigen wollen, ist die Grundvoraussetzung das *persönliche Gespräch.* Häufig findet das erste persönliche Gespräch zwischen Elternhaus und Waldorfschule schon vor der Schulaufnahme des Kindes statt. Falls sie von einer Kommission ohne den Klassenlehrer durchgeführt wird, weil dieser z.B. für die 1. Klasse noch nicht feststeht, werden Eltern und Lehrer möglichst bald die Gelegenheit einer persönlichen Begegnung suchen. Oft ergibt sich dies, wenn die Kinder von ihren Müttern oder Vätern in die Schule gebracht oder abgeholt werden. Darüber hinaus kann man den Lehrer natürlich auch anrufen. Manche Lehrer haben feste Sprechstunden eingerichtet, in denen die Eltern sie in der Schule persönlich sprechen können, oder bestimmte Telefonzeiten, zu denen sie erreichbar sind.

Persönliches Gespräch und Hausbesuch

Einen Sonderfall des persönlichen Gespräches stellt der *Hausbesuch* des Klassenlehrers oder des Tutors der Klasse im Elternhaus dar. Zumindest jeder Klassenlehrer sollte einen Hausbesuch bei den Eltern seiner Klasse gemacht haben, um die häusliche Situation seiner Schülerinnen und Schüler zu kennen und den persönlichen Kontakt sowohl zum Kind als auch zu den Eltern zu vertiefen. Für den Lehrer ist es eine wertvolle Hilfe, seine Schüler besser zu verstehen, für die Eltern eine Gelegenheit, ihren Lehrern in einem persönlichen Rahmen menschlich näher zu kommen.

In der Waldorfschule kommt dem *Elternabend* eine weitaus größere Bedeutung zu als in den meisten anderen Schulen. Er hat im wesentlichen folgende Funktionen:

Der Elternabend

- Einführung der Eltern in die Waldorfpädagogik
- Vermittlung der spezifischen altersgemäßen Inhalte und Methoden der Waldorfpädagogik
- Informationen über die Klasse durch den Lehrer
- Austausch der Eltern über ihre Erlebnisse mit ihren Kindern

- organisatorische Fragen, die die Klasse oder auch die Schule betreffen
- Planung von gemeinsamen Veranstaltungen, Klassenfahrten usw.
- spezielle Erziehungsfragen.

Bei den Elternabenden kommt es ganz wesentlich auf die Gestaltung dieser Form der Begegnung sowie auf die Vorbereitung an. Das folgende Beispiel mag dies verdeutlichen.

Frau G., die Klassenlehrerin der 5. Klasse, hat sich seit der 1. Klasse sehr um die Elternarbeit bemüht. Gegen Ende jeder Epoche, alle vier Wochen, hält sie einen Elternabend mit dem Rückblick auf die laufende Epoche und dem Vorblick auf die nächste Epoche. Im Laufe der Jahre haben sich dabei bestimmte Formen der Zusammenarbeit von Klassenlehrerin und Elternschaft entwickelt. Es gibt einen Eltern-Vertrauenskreis der Klasse, der jährlich im Einvernehmen mit der Klassenlehrerin neu gewählt wird und dessen Aufgabe es unter anderem ist, sich um die Vorbereitung und Durchführung der Elternabende zu kümmern. Die Termine für die Elternabende des Jahres werden gemeinsam auf dem ersten Elternabend festgelegt, so dass alle sie rechtzeitig einplanen können.

Für den nächsten Elternabend sieht Frau G., in Absprache mit den drei Elternvertretern des Vertrauenskreises, z.B. folgende Themen vor: die Erfahrungen der Eltern mit ihren Kindern aus der laufenden Epoche, einen Vorblick auf die nächste Epoche, bei dem es ihr vor allem darum geht, die menschenkundliche Bedeutung der Epoche vor dem Hintergrund der Entwicklungssituation der Schüler darzustellen, den Erfahrungsbericht einer Schülermutter aus ihrer Arbeit als Familientherapeutin über Verhaltensauffälligkeiten von Kindern in der Vorpubertät (dazu haben die Elternvertreter mit der Referentin verabredet, den Eltern zur Vorbereitung schon zwei Beobachtungsfragen an die Hand zu geben). Abgesprochen wird im Vorbereitungskreis auch, wie lange die einzelnen Teile dauern sollen, wer welchen Teil leitet und welche aktuellen Fragen bei den Einzelnen angemeldet worden sind. Drei Tage vor dem Elternabend hat Frau S., eine Mutter aus dem Vertrauenskreis, bei Frau G. angerufen, da sie durch einen Besuch von Nicolai, dem neuen Schüler der Klasse, Wahrnehmungen gemacht hat, die sie unbedingt mit der Klassenlehrerin und den anderen Eltern besprechen will, um die Integration von Nicolai in die Gemeinschaft zu fördern. Da Frau S. das Anliegen schon mit den anderen an der Vorbereitung beteiligten Eltern abgeklärt hat, ist Frau G. gerne bereit, auch diese Frage an dem Elternabend zu besprechen. Sie ist froh, dass die Eltern in dieser Form mithelfen, die Entwicklung der Kinder zu fördern.

Gruppenelternabende und Kinderbesprechung

Eine besondere Form von Elternabenden, die sich sehr bewährt hat, sind *Gruppenelternabende,* da in einem kleineren Personenkreis eine offenere Kommunikation als zwischen dreißig oder vierzig Menschen bei einem allgemeinen Klassenelternabend möglich ist. Hier treffen sich der Klassenlehrer oder der Tutor bzw. auch Fachlehrer mit kleineren Gruppen von Eltern, meist in privatem Rahmen, um spezielle Fragen zu besprechen. Zur Bildung dieser Gruppen gibt es verschiedene Gesichtspunkte, etwa den regionalen Aspekt, dass sich Eltern einer bestimmten Gegend treffen, um auch den nachbarschaftlichen Kontakt untereinander und zwischen ihren Kindern zu verstärken, oder den Aspekt einer bestimmten Begabung (schwach oder hoch begabte oder praktisch begabte Kinder); bestimmte Disziplin- oder Entwicklungsfragen können besprochen werden. In der geschützteren Atmosphäre eines kleineren Kreises ist ein intensiverer pädagogischer Austausch möglich, z.B. im gemeinsamen Betrachten der Epochenhefte der Kinder oder im Besprechen der Zeugnisse.

Es ist ein sehr fruchtbarer Ansatz für die Zusammenarbeit, die jeweiligen Eltern eines Kindes in die sogenannte *Kinderbesprechung* einzubeziehen. Dies ist ein Gespräch zwischen den Lehrern, die das Kind unterrichten bzw. kennen, oder auch des ganzen Lehrerkollegiums, um die Entwicklungsmöglichkeiten dieses Schülers besser erkennen zu lernen. Häufig handelt es sich dabei um Kinder, die durch ihr Verhalten zeigen, dass sie eine besondere Zuwendung brauchen. Wenn die Eltern des Kindes in eine solche Arbeit der Lehrer einbezogen werden, ist das eine Bereicherung für beide Seiten, und dem Kind wird besser geholfen werden können.

Matthias ist seit drei Monaten in der Waldorfschule. Auf Frau X., seine Mutter, sind viele neue Dinge eingestürmt, nun findet sie sich langsam zurecht und fühlt sich sicherer in der neuen Schulgemeinschaft. Sie hat viel Verständnis und Entgegenkommen sowohl von der neuen Klassenlehrerin, Frau B., als auch von den anderen Eltern erlebt. Matthias war erst noch sehr eingeschüchtert und unsicher, dann drohte er wieder in die Rolle des Kaspers zu fallen. Einige kleinere Konflikte mit Mitschülern konnten gut gelöst werden, so dass er langsam seinen Platz in der Klasse gefunden hat. Mit einer Mischung aus Behutsamkeit, Strenge und liebevoller Zuneigung führt die Klassenlehrerin den Jungen. Sie war in den ersten Wochen mit Frau X. in ständigem Kontakt, beide telefonierten mindestens einmal wöchentlich miteinander, um über die Situation von Matthias zu sprechen.

Nun wird in der Klassenkonferenz eine Kinderbesprechung von Matthias geplant, und die Klassenlehrerin lädt Frau X. zur Teilnahme ein. Dabei erläutert sie ihr das Besondere an einer Kinderbesprechung: «Alle unterrichtenden Lehrer setzen sich zusammen, um sich mit einem Kind besonders gründlich zu beschäftigen, in der Regel etwa eineinhalb Stunden lang. Wir versuchen dabei, die Stärken eines Kindes, aber auch seine Schwächen sowohl im Körperlichen als auch im Seelischen und im Geistigen ohne eine Bewertung zu charakterisieren. Das Ganze ist geprägt von Ehrfurcht gegenüber dem Schicksal eines Kindes und der Bescheidenheit, dass wir das Wesen eines Menschen und seine Biographie immer nur ganz anfänglich erfassen und verstehen können.»

Frau X. ist skeptisch und findet es eigenartig, dass eineinhalb Stunden über ihr Kind geredet werden soll. Sie fasst sich ein Herz und formuliert ihre Bedenken: «Welches Ziel hat denn so ein langes Gespräch über mein Kind? Soll da ein Psychogramm erstellt werden? Geht es darum, ob Matthias auf der Schule bleiben kann?»

Frau B. war auf solche Reaktionen gefasst und versteht die Ängste der Mutter. Daher erklärt sie ihr: «Ich habe die Erfahrung gemacht, dass solch eine intensive Beschäftigung mit einem Kind allen Beteiligten – den Lehrern, dem Kind, aber auch den Eltern – hilft, weil mehr Verständnis für das Kind entsteht. Nachdem Matthias sich gut in die Klassengemeinschaft eingefunden hat, ist es gar keine Frage, dass er bleiben kann. Ich wollte Sie einladen, an der Kinderbesprechung mitzuwirken, da mir Ihre Sicht als Mutter ganz wichtig ist. Sie können dann selbst beurteilen, was eine Kinderbesprechung ist, und in der Folge werden wir sehen, ob und was sie bewirkt.»

So erklärt sich Frau X. schließlich gern bereit, an der Besprechung teilzunehmen.

Hospitation von Eltern

Einzelne Eltern können im Einvernehmen und nach Absprache mit dem Lehrer auch im Unterricht der Klasse *hospitieren* und sich so eine direkte Wahrnehmung von der praktizierten Waldorfpädagogik verschaffen. Dies ist dann möglich, wenn den hospitierenden Eltern bewusst ist, dass die Kinder, die Klasse und der Lehrer einen persönlichen Schutzraum für ihre gemeinsame Arbeit brauchen. Dabei ist wichtig, dass die Arbeitssituation der Klasse und des Lehrers nicht gestört wird. Vor allem dürfen hinterher keine abqualifizierenden Urteile über den Lehrer oder über einzelne Kinder von hospitierenden Eltern verbreitet werden. Ebenso können solche Hospitationen eigentlich nur dann für die Kinder hilfreich sein, wenn sie nicht aus einer Haltung der kritischen Kontrolle oder vielleicht sogar aus dem Suchen nach negativen Phänomenen oder nach «Beweisen» für Fehlverhalten entspringen, sondern von Offenheit, Vertrauen und echtem Interesse geprägt sind.

Eine beliebte Form der Begegnung von Eltern und Lehrern, diesmal zusammen mit den Schülern, sind die in vielen Waldorfschulen praktizierten *Elternnachmittage.* Sie sind ein kleines Fest für die Klasse, für das die Kinder im Unterricht verschiedene Darstellungen ihrer Arbeit vorbereiten und bei dem die Eltern sich um den organisatorischen und kulinarischen Rahmen, z.B. in Form von Kaffee und Kuchen, kümmern. Meist wird dafür ein größerer Raum in der Schule festlich geschmückt. Die Kinder freuen sich, ihrer Mutter und ihrem Vater zeigen zu können, was sie im Unterricht lernen. So kommen verschiedene Fächer mit speziellen Darbietungen zur Geltung. Die Eltern erhalten einen besseren Einblick in das, was die Klasse macht, sie können aber auch die Situation und die Rolle des eigenen Kindes im Klassenzusammenhang besser wahrnehmen.

Elternnachmittage

In der Schulzeit einer Waldorfklasse gibt es eine Vielzahl von *Klassenunternehmungen,* an denen sich einzelne Eltern beteiligen können. Auch ist es manchmal möglich und sinnvoll, dass sie für den Lehrer bestimmte *Hilfen im Unterricht* geben. Das klassische Beispiel sind pädagogisch interessierte Mütter, die der Handarbeitslehrerin helfen, den Kindern Stricken beizubringen. Der Handarbeitsunterricht bietet auch darüber hinaus manche Möglichkeit der Mithilfe. Vielfältigen Anlass zur kreativen Mitarbeit geben die jährlich stattfindenden kleineren und größeren Theaterspiele, vom Schneidern der Kostüme über den Kulissenbau und die Malerei bis hin zum Schminken und der Verpflegung des «Ensembles». In der 3. Klasse bieten die Hausbau-Epoche sowie die Handwerker-Epochen ebenfalls viele Gelegenheiten für Väter und Mütter, sich helfend mit der Klasse zu verbinden. Gerade das Bauvorhaben kann ein gemeinsames Projekt von Eltern, Lehrern und Kindern sein, in dem häufig eine sehr schöne Zusammenarbeit entsteht.

Klassenunternehmungen und Hilfen im Unterricht

Die Ausflüge der Klasse während der Heimatkundeepochen, die Tagesausflüge, die Klassenreisen sind eigentlich ohne die Hilfe von Eltern nicht denkbar, nicht nur weil sonst mehr Lehrer zur Begleitung gebraucht würden, sondern weil die Unternehmungen auch ärmer würden, wenn die Zusammenarbeit von Eltern und Lehrern in diesen Phasen des intensiven Zusammenlebens der Klasse fehlte.

Sehr interessant für die Kinder etwa ab der 6. Klasse sind die verschiedenen Berufe der Eltern. So ergeben sich Möglichkeiten für Mütter und Väter, in der Klasse über ihren Beruf, ihren Arbeitsalltag und den Sinn ihrer Arbeit zu erzählen und den Kindern Rede und Antwort zu stehen. Auf einer anderen Ebene wird sich dies ab der 11. Klasse wiederholen lassen, wenn es um die Praktika und um die Berufsfindung geht. Alle Praktika haben Bezug zu bestimmten Berufen von Eltern und bieten diesen damit die Möglichkeit, selbst Praktikumsplätze anzubieten und die Betreuung eines oder mehrerer Schüler zu übernehmen, Plätze zu vermitteln oder bei der Organisation eines Praktikums mitzuhelfen.

Praktika

Ein weiteres, sehr ergiebiges Feld für die Elternschaft, mit den Jugendlichen und den Lehrern zu arbeiten, sind die Jahresarbeiten oder Projektarbeiten der 11. und 12. Klassen. Eltern können eigene Themen zur Wahl für die Schüler anbieten oder sich bereit erklären, von den Schülern gewählte Themen zu betreuen, wenn sie sich dafür kompetent fühlen. Hier ist eine kontinuierliche wöchentliche Begleitung eines Schülers über ein Jahr hin möglich.

Jahresarbeiten

An manchen Schulen gibt es *Wochenendseminare* für einzelne Klassen zu bestimmten Themen. Sie können für die Eltern und Lehrer einer Klasse in der Schule stattfinden, ebensogut aber auch außerhalb, z.B. in einer Hütte oder einem Schullandheim; dann haben auch die Kinder die Möglichkeit, mit dabei zu sein. Diese Seminare bieten die Gelegenheit sowohl zur inhaltlichen Vertiefung einzelner Fragen wie zu vielfältigen menschlichen Begegnungen. Hier können auch

Barrieren abgebaut, Spannungen bearbeitet und Konflikte gelöst werden. Es ist jedoch eine sehr gute Vorbereitung aller Beteiligten notwendig sowie eine gute Organisation und Moderation solch eines Wochenendes, damit es ein Erfolg werden kann. Falls es in der Klasse keine speziell dazu vorgebildeten Eltern gibt, empfiehlt sich das Hinzuziehen eines externen Moderators oder Begleiters. Wochenendseminare lassen sich natürlich auch in Bezug auf bestimmte Themen für die ganze Schule veranstalten. An sogenannten «Pädagogischen Wochenenden» können verschiedene Fragen der Schule von Lehrern und Eltern in Arbeitsgruppen bearbeitet werden.

Wochenendseminare

Jede Waldorfschule hat durch ihr Konzept der Selbstverwaltung eine Vielzahl von *Arbeitskreisen,* in denen entweder inhaltliche Fragen der Waldorfpädagogik oder sachliche Fragen der Organisation und Verwaltung der Schule bearbeitet werden. Zu den letzteren Kreisen zählen in der Regel: Basarkreis, Baukreis,[7] Fest- bzw. Veranstaltungskreis, Finanzkreis, Wirtschaftskreis, Elternbeitragskreis, Öffentlichkeitskreis, Vertrauenskreis, Schlichtungskreis, Schülerbuskreis, Konzeptionskreis, Oberstufenarbeitskreis, Kindergartenkreis, Hortkreis, Schulmitteilungen und andere mehr. Hier hat jede Schule ihre eigenen Sachgebiete und ihre eigenen Formen gefunden, in denen Eltern und Lehrer zusammenarbeiten. Einige dieser Arbeitskreise sind in manchen Schulen institutionalisiert und gehören dann zu den satzungsgemäß vorgesehenen Gremien, in denen eine Eltern-Lehrer-Kooperation stattfindet.

Arbeitskreise

Exemplarisch wird im folgenden Beispiel die Bildung eines Arbeitskreises «Öffentlichkeitsarbeit» beschrieben.

Die Freie Waldorfschule in V. ist inzwischen im zwölften Jahr ihres Bestehens. Zum zweiten Mal ist das Abitur mit Erfolg abgelegt worden, aber die Schule ist in dieser größeren Mittelstadt immer noch relativ isoliert. Das macht sich auch in der Nachfrage bemerkbar, denn die Klassen sind zwar nicht gerade besonders klein, aber es bestehen keine Wartelisten, und in jeder Klasse sind noch Plätze für zwei bis vier Schüler frei. Nun ist gerade mit viel publizistischem Aufwand in einer staatlichen Grundschule die Montessori-Pädagogik eingeführt worden, alle Zeitungen haben davon berichtet. Der Gemeinderat hat einen Zuschuss für die dafür notwendigen zusätzlichen Maßnahmen beschlossen, während die Anträge der Waldorfschule bisher immer abschlägig beschieden worden sind. Diese Grundschule kann sich vor Anmeldungen im Moment kaum retten.

Einige aktive Eltern aus dem Elternrat der Waldorfschule ergreifen deshalb die Initiative, um die Öffentlichkeitsarbeit ihrer Schule zu verbessern. Sie arbeiten einen Entwurf für einen «Arbeitskreis Öffentlichkeitsarbeit» aus und legen ihn der Lehrerkonferenz und dem Vorstand als Diskussionspapier vor. Daraufhin werden sie in den Vorstand eingeladen, um dort ihre Vorstellungen zu erläutern. Drei Elternvertreter sind vom Elternrat beauftragt worden, dieses Gespräch zu führen. Sie stellen ihre Einschätzung der Situation dar, die von den Vorstandsmitgliedern im Wesentlichen geteilt wird.

Ihr Konzept ist es, eine kleine, aktive Arbeitsgruppe für Öffentlichkeitsarbeit einzurichten, die mit dem Vorstand und dem Lehrerkollegium Rahmen und Leitlinien ihrer Arbeit gemeinsam festlegt, dann aber selbständig arbeiten soll. Die Elternvertreter wünschen, dass neben Eltern, die professionell auf diesem Gebiet tätig sind, auch ein Vorstandsmitglied und ein Vertreter des Lehrerkollegiums in diesem Arbeitskreis mitarbeiten. Ihnen ist vor allem der Aspekt wichtig, dass es sich bei Öffentlichkeitsarbeit nicht um Marketing oder Werbung handelt, sondern um eine bewusste Pflege der Beziehungen zum Umfeld der Schule, zur äußeren Öffentlichkeit, aber auch zur «inneren» Öffentlichkeit, den Eltern, Lehrern und Schülern.

Die Elternvertreter im Vorstand begrüßen diese Initiative, die beiden Lehrervertreter verhalten sich erst einmal abwartend bis ablehnend, da sie ihrer Meinung nach erst im Kollegium besprochen werden soll. «Ohne die Lehrer kann man die Schule schlecht nach außen darstellen», ist eines der Argumente.

Herr M., einer der Vertreter der Initiative, will aber nicht ohne ein Ergebnis aus der Vorstandssitzung gehen und fragt: «Kann sich der Vorstand vorbehaltlich einer Zustimmung des Kollegiums hinter uns stellen? Können wir im Rahmen des laufenden Haushalts mit einer Freigabe der benötigten Mittel in Höhe von zehntausend Mark rechnen? Können wir bei Erfolg unserer ersten Aktion darauf hinsteuern, eine Halbtagsstelle für diesen Bereich zu schaffen?»

Die fünf anwesenden Elternvertreter im Vorstand geben ihre grundsätzliche Zustimmung zu diesem Projekt, der Vorsitzende des Vorstandes schränkt jedoch ein: «Wie weit wir Sie mit finanziellen Mitteln ausstatten können, müssen wir im Rahmen der Haushaltsplanung erst noch mit dem Finanzkreis der Schule beraten. Wir werden dem Projekt aber Priorität vor anderen geben und wollen Sie auf jeden Fall ermuntern weiterzumachen.»

Zum Schluss wird noch ein Gegenargument laut, das ein Lehrervertreter vorträgt: «Ohne Zustimmung des Lehrerkollegiums darf meines Erachtens keinerlei Werbung für die Schule im Umfeld gemacht werden. Das Kollegium wird sorgfältig darauf achten, dass kein falsches Bild von der Schule nach außen getragen wird. Wir produzieren schließlich kein Waschmittel, das man verkaufen kann.»

In der Nachbesprechung im Elternrat der Schule, in dem gewählte Vertreter aus allen Klassen alle zwei Wochen zusammenkommen, um die anliegenden Fragen zu beraten, wird die grundsätzliche Zustimmung des Vorstandes begrüßt; die anwesenden Eltern zeigen allerdings auch Verständnis für die Situation der Lehrer.

Der Elternrat beschließt, den Geschichts- und Sozialkundelehrer der Oberstufe, Herrn F., der auch die Handwerks- und Sozialpraktika betreut und schon bisher immer wieder versucht hat, die Beziehungen der Schule zu den Firmen der Stadt zu verbessern, um Mithilfe zu bitten. Als Frau L., eine der Initiatorinnen, ihn anspricht, ist er gerne bereit, in dieser Arbeitsgruppe mitzuarbeiten. Er hat auch gleich Ideen, wie das Projekt in der Lehrerkonferenz präsentiert werden könnte, und verspricht, die Präsentation mit der Konferenzleitung zu besprechen. Zusammen mit Frau L. entwickelt er in einem Exposé die wichtigsten Aspekte zur Situation der Schule, die

Ziele der Öffentlichkeitsarbeitsgruppe und mögliche geplante Aktionen und verteilt das Papier rechtzeitig an alle Kollegen.

In der nächsten Konferenz sind die drei Elternvertreter zu Gast, um die geplante Arbeitsgruppe vorzustellen. Herr F. zählt einführend eine ganze Reihe von erfolgreichen Aktionen der Schule aus den vergangenen Jahren auf, die im Sinne einer Öffentlichkeitsarbeit gewirkt haben oder hätten wirken können. Dann erläutert Frau L. das Ziel des Arbeitskreises, das innere Anliegen der Waldorfpädagogik für die Eltern wie für das interessierte Umfeld besser sichtbar und erlebbar zu machen.

Die Lehrer hören sehr aufmerksam zu, einige bedanken sich spontan bei den Eltern für ihr Engagement und für diese wichtige Initiative und sagen ihnen ihre volle Unterstützung zu. Es gibt aber auch Widerspruch. «Die Eltern, die zu uns kommen wollen, sollen aus freier Initiative kommen und nicht, weil wir sie dazu überredet haben. Außerdem bekommen solche Aktionen immer etwas von Unwahrhaftigkeit, weil nur die guten Seiten, aber nicht unsere Fehler und Schattenseiten in der Öffentlichkeit gezeigt werden können.» So etwa argumentiert einer der Lehrer, und man merkt, dass noch weitere Lehrer eine ähnliche Einstellung haben.

Schließlich wird die Diskussion in der großen Konferenzrunde aus Zeitgründen abgebrochen, das Thema soll in der nächsten Konferenzvorbereitung weiter behandelt werden. So ist es auch möglich, sich mit den Elternvertretern näher auszutauschen, Bedenken zu äußern oder neue Anregungen zu geben. Auch können alle Lehrer ihre Meinung zu dem Projekt in einer schriftlichen Notiz festhalten. Auf dieser Grundlage wird beschlossen, dass die Schulführungskonferenz* in einer Woche eine Entscheidung treffen wird.

* An der Schulführungskonferenz nehmen die Lehrer teil, die die Gesamtverantwortung für die Entwicklung der Schule und die damit verbundenen pädagogischen und unternehmerischen Grundsatzentscheidungen tragen wollen – was sich ca. ein Drittel der Lehrer zur zusätzlichen Aufgabe in der Selbstverwaltung der Schule macht –, sowie drei Eltern aus dem Vorstand und der Geschäftsführer. Diese Schule hat also ein gemeinsames Schulführungsorgan von Lehrerkollegium und Vorstand eingerichtet.

Dort stellt Herr F. dann einleitend noch einmal alle Argumente dafür und dagegen dar. Aus der Gesamtschau der notwendigen Maßnahmen für die weitere Schulentwicklung wird nach einem kurzen Gespräch den Initiativträgern das Vertrauen ausgesprochen und der Auftrag erteilt, das Konzept der Öffentlichkeitsarbeit weiterzuentwickeln und umzusetzen. An den Vorstand und den Finanzkreis wird die Empfehlung gegeben, dem Projekt vorrangig die nötigen Finanzmittel zur Verfügung zu stellen.

Ein Jahr später stellt die Schule aufgrund der positiven Entwicklung dieses Arbeitskreises eine kompetente Mutter aus der Elternschaft mit einer halben Stelle für Öffentlichkeitsarbeit ein, die in enger Zusammenarbeit mit dem Arbeitskreis die vielfältigen Aktivitäten der Schule koordiniert und nach innen wie außen in geeigneter Weise bekannt macht.

Wir haben gesehen, dass die Arbeitskreise in manchen Schulen teilweise auch satzungsgemäß vorgesehene *Gremien* sein können.

Gremien

Auf jeden Fall besitzen alle Schulen die durch ihren Rechtsträger notwendigen satzungsmäßigen Gremien. Das sind zumindest die Mitgliederversammlung und der Vorstand; bei Schulen, die nicht die Form des Vereins, sondern die der Genossenschaft gewählt haben, kommt noch ein Aufsichtsrat hinzu (siehe S. 98).

Die *Mitgliederversammlung* oder *Generalversammlung* ist sowohl in einem Verein als auch in einer Genossenschaft das oberste rechtliche Organ des Schulträgers, das unter anderem für die Genehmigungen der Jahresabschlüsse, der Bilanzen, für die Wahlen und die

Mitgliederversammlung

Entlastungen des Vorstands und gegebenenfalls auch des Aufsichtsrats sowie für Satzungsänderungen zuständig ist. Sie ist ein Organ der gemeinsamen Willensbildung für alle Mitglieder. In der Regel sind die Mitgliederversammlungen wegen der dort zu erledigenden Formalia in den Waldorfschulen nicht sehr beliebt, was sich darin zeigt, dass – außer in Zeiten besonderer Entscheidungen oder besonderer Nöte, die z.B. eine Erhöhung der Beiträge notwendig machen – häufig nur zehn bis zwanzig Prozent der Mitglieder erscheinen. Falls der Vorstand auch inhaltliche Themen auf der Generalversammlung besprechen und eventuell sogar beschließen lassen möchte, ist es geraten, sie vorher in den Gremien, auf Elternabenden und auf Eltern-Lehrer-Versammlungen gründlich zu besprechen, damit die Mitgliedschaft in einen vorbereitenden Willensbildungsprozess einbezogen ist und die Themen dann auf der Mitgliederversammlung entscheidungsreif sind.

Über die satzungsmäßigen Mindestanforderungen hinaus gibt es in manchen Schulen noch weitere Formen der rechtlich fixierten Zusammenarbeit von Eltern und Lehrern, wie z.B. ein *Schulparlament*, eine *Gesamtkonferenz von Eltern und Lehrern*, ein *gemeinsames Schulführungsgremium*, in dem Eltern und Lehrer vertreten sind, oder einen *Eltern-Lehrer-Kreis* bzw. Eltern-Lehrer-Rat (siehe auch S. 91ff.). In diesen Formen prägt sich die jeweilige Eigenart und der spezielle soziale Stil einer Schule aus. Sie bedürfen jedoch der ständigen Aufmerksamkeit und Weiterentwicklung, da sie sich sonst mit der Zeit totlaufen bzw. Routine werden und ihren lebendigen Charakter der Begegnung verlieren. Deshalb ist es auch nicht möglich, einfach die Gepflogenheit einer anderen Schule zu übernehmen. Denn der soziale Prozess, der zu dieser besonderen Art der Zusammenarbeit führt, bringt die speziellen Bedingungen der jeweiligen Situation zum Vorschein, und der eigene Findungsprozess ermöglicht eine Identifikation mit der dann letztlich gefundenen Form, auch wenn sie sich äußerlich vielleicht kaum von der einer anderen Schule unterscheidet. Übergeht man diesen Vorgang der gemeinsamen Suche nach der richtigen Form und übernimmt nur eine woanders schon bewährte Struktur, wird sich diese nur schwer mit Leben füllen lassen.

Weitere rechtlich fixierte Formen

Bis hierher betraf die Aufzählung der verschiedenen Formen und

Gremien der Kooperation zwischen Eltern und Lehrern den Bereich der einzelnen Schule. Die Freien Waldorfschulen arbeiten jedoch sowohl *regional* als auch *bundesweit* sowie auf *europäischer* bzw. *internationaler Ebene* zusammen. Auch hier haben sich Formen des Zusammenwirkens entwickelt. So gibt es in verschiedenen Bundesländern jeweils *Landeselternräte* der Waldorfschulen, in denen Elternvertreter der Schulen und Lehrer auf regionaler Ebene zusammenarbeiten. Weiterhin existieren *Regionalkonferenzen,* in denen Vertreter der einzelnen Schulen die gemeinsamen Anliegen beraten; hier kooperieren ebenfalls Lehrer- und Elternvertreter der einzelnen Schulen. Das Gleiche gilt für die *Sprecherkreise der Landesarbeitsgemeinschaften der Freien Waldorfschulen.*

Regionale und überregionale Kooperationen

Auf Bundesebene finden wir ähnliche Formen der Zusammenarbeit im *Vorstand des Bundes der Freien Waldorfschulen* und im *Bundeselternrat.* Weiterhin sind als Orte der Begegnung, des Austausches und der Zusammenarbeit die verschiedenen großen *Tagungen für Eltern und Lehrer,* zum Teil auch für Schüler, zu erwähnen.

Auf europäischer Ebene gibt es das *European Council of Waldorf Schools* sowie den europaweiten Zusammenschluss der Elternvertreter der Waldorfschulen. Die weltweite Kooperation erfolgt im *Haager Kreis,* in dem Vertreter der verschiedenen Kontinente zusammenarbeiten, sowie über die *Freunde der Erziehungskunst Rudolf Steiners e.V.,* die auf internationaler Ebene Waldorfprojekte unterstützen.

6. Die Zusammenarbeit bei typischen Schulsituationen

Wir haben gesehen, dass die Zusammenarbeit der Eltern mit den Lehrern entscheidend durch das Verhältnis ihrer Kinder zur Schule geprägt wird. Fühlen diese sich wohl und gehen sie gern zur Schule, wird sich das auch auf das Eltern-Lehrer-Verhältnis positiv auswirken. Und umgekehrt: Haben die Kinder Schwierigkeiten in der Schule oder gehen sie durch persönliche Krisen, besteht oft auch die Gefahr, dass zwischen Eltern und Lehrern Meinungsverschiedenheiten und Unstimmigkeiten auftreten. Nun erleben Kinder aber im Laufe der Schulzeit verschiedene typische, entwicklungsbedingte Situationen, aus denen heraus sich dann leicht auch Störungen im Verhältnis der Erwachsenen einstellen können. Von diesen Situationen wollen wir hier die wichtigsten betrachten.

Der Übergang vom Kindergarten in die Schule

Der Übergang vom Kindergarten in die Schule ist für die Kinder ein großer Schritt. Sie werden auf einmal selbständiger, wacher und entwickeln einen großen Lerneifer. Aus der geborgenen Sphäre der Familie und des Kindergartens kommen sie in eine große Gruppe und in eine geregelte Lernsituation. Für viele Kinder, vor allem für Einzelkinder, aber auch für sozial empfindlichere Kinder, ist dieser Wechsel in die Schulklasse mit erheblicher Anstrengung verbunden, die sie ganz unterschiedlich bewältigen. Manche ziehen sich zurück und sind in der Schule stiller und zurückhaltender als zu Hause, andere gehen stärker aus sich heraus, um sich besser behaupten zu können, bis dahin, dass sie Verhaltensauffälligkeiten entwickeln, die die Eltern zu Hause gar nicht kennen. So kann es vorkommen, dass die Eltern aufgrund «gewisser Vorfälle» vom Klassenlehrer angerufen werden und den Eindruck haben, dass er gar nicht von ihrem Kind spricht.

Hier können erste Verständigungsschwierigkeiten auftreten,

denn die ganz normalen Reaktionen einer Mutter oder eines Vaters sind in solch einem Falle: «Mein Kind ist nicht so! Der Lehrer sieht bzw. behandelt es falsch! Meinem Kind wird Unrecht getan; das kann nicht an ihm liegen.» Der Lehrer hingegen geht davon aus, dass die Eltern ja ihr Kind kennen und um diese problematischen Verhaltensweisen wissen, weil sie diese zu Hause ebenso erleben. Beide Parteien haben ihre eigenen Wahrnehmungen, machen sich daraus ein Bild von dem Kind und gehen im Gespräch davon aus, dass der andere jeweils das gleiche oder zumindest ein ähnliches Bild hat. Tatsächlich verhält sich aber das Kind in seiner häuslichen Umgebung ganz anders als im Klassenzusammenhang. Gibt es vielleicht noch andere Kinder mit Verhaltensproblemen in der Klasse, kann sich das problematische Verhalten gegenseitig aufschaukeln.

Häufig werden Eltern dies erst dann gewahr, wenn sich die Situation in der Schule schon zugespitzt hat und der Lehrer sich in seiner Verzweiflung mit einem definierten Urteil, wie z.B. «verhaltensauffälliges Kind», an sie wendet, anstatt erst einmal Fragen zu stellen. Er läuft dabei Gefahr, auf Unverständnis zu stoßen, da die Eltern eine Beurteilung ihres Kindes erleben, für die sie aus ihren häuslichen Wahrnehmungen kein Verständnis haben können – und schon kommt es zu Spannungen, zu Ängsten, zu Missverständnissen usw. Daraus wird ersichtlich, wie gerade zu Beginn der Schulzeit eine intensive und offene Kommunikation zwischen Eltern und Lehrern notwendig ist, in der die Verhaltensweisen der Kinder zu Hause und in der Schule gemeinsam betrachtet werden, um die Entwicklung der einzelnen Kinder besser verstehen zu können. Wichtig ist aber nicht nur der offene Austausch über das eigene Kind, sondern auch über die ganze Klasse, weil dieser soziale Rahmen auf den einzelnen Schüler einen starken Einfluss ausübt.

Eine offene Kommunikation ist notwendig

Wenn durch erste, vielleicht etwas heftigere Reaktionen auf einer Seite oder sogar auf beiden Seiten der Kontakt zwischen Eltern und Lehrer gestört ist oder gar abbricht, kann es oft Jahre dauern, bis sich solche Unstimmigkeiten klären. Manchmal behalten Mütter oder Väter die ganze Schulzeit über das Gefühl, dass ihr Kind eigentlich missverstanden wird.

Schwierigkeiten treten oft auch im Zusammenhang mit den Lernsituationen der Kinder auf. So können Eltern zu viel Ehrgeiz für ihr Kind entwickeln, es kommt aber auch vor, dass sie seine Entwicklung zu wenig beachten. Hier wird das Gespräch zwischen dem Klassenlehrer bzw. den Fachlehrern und den Eltern häufig erst die Aufmerksamkeit für die besondere Lernentwicklung des einzelnen Kindes schärfen.

Die Wahrnehmungen aus den unterschiedlichen Lebensbereichen zusammenführen

Ebenso ist für die soziale Situation der Kinder in der Klasse und im häuslichen Bereich das Gespräch zwischen Eltern und Lehrern notwendig, um die Wahrnehmungen aus den unterschiedlichen Lebensbereichen zusammenzuführen und sich ergänzen zu lassen. Dabei besteht die Gefahr, dass sich die Probleme von Kindern mit Störungen oder Verhaltensauffälligkeiten in den Vordergrund drängen und darüber diejenigen Kinder übersehen werden, die sich eher zurückziehen, die still sind und sich «unsichtbar» machen.

Ein fruchtbares Gespräch zwischen Elternhaus und Lehrer über die Lernsituation des Kindes kommt in dem folgenden Beispiel zustande.

Hans ist in der 6. Klasse. Seiner Klassenlehrerin, Frau G., hat er schon manches Mal durch seine Unaufmerksamkeit, seine Störungen und seine Aufsässigkeit zu schaffen gemacht. Doch jetzt, während der Chemieepoche, erwacht in ihm der Forschergeist. Jeden Nachmittag funktioniert er die häusliche Küche zum Labor um, verbrennt verschiedene Substanzen zu Asche, stampft sie klein, löst sie auf und prüft sie mit Rotkrautsaft. Mit hochrotem Kopf und glühenden Ohren macht er die Experimente nach, die vormittags in der Schule vorgeführt wurden, erweitert sie und wandelt sie ab. Daneben hat er sich ein Heftchen gelegt, in das er immer wieder mit wichtiger Miene einige Bemerkungen hineinschreibt. Hans' Mutter, Frau H., beobachtet erstaunt und mit Freude den Forschereifer ihres Sohnes. Sie beschließt daher, die Klassenlehrerin anzurufen und ihr über diese positive Entwicklung zu berichten. «Also, ich bin ganz fasziniert, was mit Hans geschehen ist», erzählt sie Frau G. «Er legt einen Eifer an den Tag, den ich bisher noch in keiner Epoche erlebt habe, außer vielleicht in den ersten beiden Klassen. Er ist zu einem richtigen kleinen Forscher geworden.» Und sie schildert, was sie jeden Nachmittag zu Hause in ihrer Küche erlebt.

Über den Bericht ist Frau G. sehr erfreut. Sie dankt der Mutter vor allem auch dafür, dass sie ihre Küche zum Labor umfunktionieren lässt. Das empfindet sie als wichtige Unterstützung für ihren Unterricht. Im Laufe des Gesprächs äußert Frau H. schließlich auch das Anliegen, dass die Eltern sich über diese Erfahrungen austauschen können. «Das könnte ja auch für Sie interessant sein, Frau G.», sagt sie. «Können wir nicht kurzfristig noch während der Chemieepoche einen Elternabend einberufen?»

Auf diesen Vorschlag geht Frau G. gerne ein. Kurzfristig beraumt sie noch einen Elternabend ein, in dem die Erfahrungen während der Chemieepoche besprochen werden können. Sie bittet in diesem Zusammenhang auch Frau H., ihre Beobachtungen an Hans zu schildern. Darüber hinaus ist dieser Elternabend, so glaubt Frau G., eine ausgezeichnete Gelegenheit, gemeinsam zu betrachten, wie Kinder, die mit sich selbst Schwierigkeiten haben, durch Interesse an einer Sache so von ihren Problemen abgelenkt werden, dass sie wieder alle Energien für einen positiven Einsatz frei haben.

Gespräche über Sympathie und Antipathie

Weiterhin halte ich offene Gespräche über Fragen von Sympathie und Antipathie für dringend erforderlich. Ein Zuviel an Sympathie für ein Kind, das z.B. zu einer Bevorzugung vor anderen führt, kann ebenso schädlich sein wie eine innere Abwehr, die dem Kind das Gefühl gibt, nicht richtig angenommen zu werden. Da der Zugang des Lehrers zu den Kindern sehr unterschiedlich ist und man nicht von vornherein davon ausgehen kann, dass er überall sofort in gleichem Maße gegeben ist, muss an diesem Bereich bewusst gearbeitet werden, und zwar nicht nur vom Lehrer allein, sondern gemeinsam mit den Eltern.

Gerade aus ihrer eigenen Schulerfahrung neigen Eltern häufig dazu, Ängste zu entwickeln, dass ihr Kind vom Lehrer nicht genügend beachtet, nicht genügend geliebt wird oder ungerecht behandelt werden könnte. Wenn diese Gefühle nicht offen besprochen werden können, tendieren sie zur «self-fulfilling prophecy», zu einer sich selbst erfüllenden Vorhersage. Vermutungen oder ein übersensibles Achten auf entsprechende Anzeichen bestätigen dann vielleicht schon die eigenen Befürchtungen, ohne dass dafür wirklich Gründe gegeben wären, und belasten damit das ganze Schulverhältnis des eigenen Kindes.

Die innere Haltung der Eltern zur Schule

Die innere Haltung der Eltern zur Schule insgesamt, insbesondere aber gegenüber dem Lehrer und der Klasse, ist für das Kind eine ganz wesentliche Orientierung – bei positiver Einstellung kann sie ihm eine Hilfe sein, bei negativer Haltung eine Behinderung. Eigentlich gehen gerade die jüngeren Kinder gerne in die Waldorfschule. Erleben sie aber eine kritische oder negative Haltung ihrer Eltern gegenüber der Schule oder insbesondere auch dem – offen oder insgeheim anerkannten – Lehrer, so werden sie in einen Spannungszustand versetzt, in eine innere Diskrepanz, die sie nicht formulieren können, die sich aber häufig in körperlichen Symptomen wie Bauchschmerzen, Kopfschmerzen, Müdigkeit oder Unlust zeigt. Häufig werden diese Symptome dann auf «Schulprobleme» des Kindes zurückgeführt, obwohl sie eigentlich ihre Ursache in Schulproblemen der Eltern haben, die sich auf das Kind übertragen. Da heutzutage eine kritische Haltung sehr viel verbreiteter ist als eine vertrauensvoll zustimmende, ist hier ein besonderes Arbeitsfeld für Eltern gegeben und eine offene Kommunikation mit dem Lehrer sehr wichtig.

Das soll nicht heißen, dass die Eltern keine kritischen Fragen an die Schule oder den Lehrer richten dürfen, sondern dass diese Fragen, deren Berechtigung keiner abstreiten wird, auf der richtigen Ebene behandelt werden, nämlich zwischen den Erwachsenen. Dort gehören sie hin und nicht auf die Ebene der Kinder, denn diese nehmen sie immer ganz ernst und existentiell, wo die Erwachsenen durchaus das Problem im Gesamtzusammenhang sehen und relativieren können. Gerade die Distanz und die Überschau fehlen den Kindern noch, und sie sollten deshalb nicht unnötig verunsichert werden.

Kritische Fragen auf der richtigen Ebene behandeln

In diesem Zusammenhang soll kurz auf die Situation der sogenannten «schwierigen» – oder besser «besonderen» – Kinder eingegangen werden. Selbst bei gutem Kontakt zwischen Eltern und Lehrern und einem offenen Austausch ist es oft schwer herauszufinden, warum ein Kind so «besonders» sein muss (was sich z.B. in Lernstörungen oder Verhaltensauffälligkeiten äußert). Hier sollten es sich beide Seiten eingestehen, wenn ihre Möglichkeiten nicht ausreichen, das Kind wirklich zu verstehen, und deshalb erfahrene Therapeuten, Heilpädagogen, Kinderpsychologen oder andere Experten hinzuziehen. Durch ergänzende therapeutische Maßnahmen kann vielen solcher Kinder erspart werden, dass die Schulzeit auch in einer Waldorfschule für sie – und oft auch für die Eltern, den Lehrer und die Mitschüler – zu einem Leidensweg wird.

Die Situation von «besonderen» Kindern

Häufig nehmen Eltern von «besonderen» Kindern deren Auffälligkeiten nicht richtig wahr oder wollen sie in ihrer vollen Tragweite nicht wahrhaben, hegen aber gerade die Erwartung, dass allein schon die Pädagogik in der Waldorfschule ausreichen müsste, um ihren Kindern gerecht zu werden und ihnen zu helfen. Auch Waldorflehrer haben oft den Anspruch, mit jeder pädagogischen Herausforderung fertig zu werden, selbst wenn sie dafür gar nicht speziell ausgebildet sind. So kann es zu einem abwartenden Verhalten von Eltern wie von Lehrern kommen, obwohl dem Kind durch gezielte therapeutische Maßnahmen gut geholfen werden könnte. Je früher diese Hilfen einsetzen, desto besser ist es für die Entwicklung des Kindes, weil sich die Schwierigkeiten mit zunehmendem Alter immer weiter manifestieren und immer schwerer veränderbar werden. Auch hier erweist sich das offene, ehrliche Gespräch auf einer ausreichenden Vertrauensbasis als das beste Mittel, dem Kind zu helfen.

Vor diesem Hintergrund ist ebenfalls der anders geartete Leistungsbegriff der Waldorfschule zu sehen, der sich immer an dem individuellen Leistungsvermögen des einzelnen Kindes orientiert und ihm von daher Raum für eigene Entwicklungen lässt, es aber auch spezifisch, seinen Möglichkeiten gemäß, fördern und fordern will. In der Regel bleiben deshalb die Schüler der Klassen über zwölf Jahre hinweg mit ihren unterschiedlichen Begabungen zusammen. Für manche Eltern ist das nicht leicht zu ertragen, sie befürchten entweder eine Unterforderung oder eine Überforderung ihrer Kinder. Es hat sich aber in den langen Jahren des Bestehens von Waldorfschulen gezeigt, dass gerade die Begabungsunterschiede in der Klasse besondere Lerneffekte auslösen und zusätzlich ein soziales Lernen ermöglichen.

Die Frage der Leistungen

So haben Leistungsmessung, Leistungsbewertung und Zeugnisse eine andere Funktion, da sie nicht über das Weiterrücken in die nächst höhere Klasse entscheiden. Durch charakterisierende Beurteilungen der einzelnen Lehrer beschreiben sie vielmehr die Stärken des Kindes in allen Fächern, ebenso seine Schwächen. Die Zeugnisse sind immer auch als Arbeitsauftrag für die weitere Entwicklung des Kindes und darüber hinaus des Lehrers und der Eltern zu verstehen.

Die Frage der Leistungen bildet in der Waldorfschule ein weites Feld für Missverständnisse und Verständigungsprobleme. Die Erwartungen der Eltern reichen von der Auffassung, dass ihr Kind völlig in Ruhe gelassen werden sollte, um sich ganz individuell entwickeln zu können, bis zur Vorstellung, es müsse hier Leistungen erbringen, die es in einer anderen Schule nie erbracht hätte. Das letztere ist häufig bei Eltern von schwächer begabten Schülern der Fall; gerne übertragen sie die Leistungsnormen des staatlichen Schulsystems auf die Waldorfschule und erwarten von ihr, dass sie mit ihren Mitteln die gleichen Leistungen und womöglich noch bessere ermöglicht.

Die Frage nach der Leistung taucht meist schon in der 1. Klasse auf, wenn es um die Beherrschung der grundlegenden Sozialtechniken von Schreiben, Lesen und Rechnen geht. Hier wird innerhalb der Familie, der Verwandtschaft, der Nachbarschaft verglichen – was kann das eine Kind, was kann das andere Kind? –, und häufig werden aus den Ergebnissen voreilige Schlüsse gezogen, meist nicht bezüglich des Kindes, sondern bezüglich der Schule bzw. der Lehrer und ihrer Lehr- und Lernmethoden. Wenn die Mütter und Väter zu den Elternabenden der 1. Klasse kommen und sie dort ihre Fragen äußern, kann es gelingen, die oben beispielhaft beschriebene andere Vorgehensweise der Waldorfschule verständlich zu machen. Dann ist es ihnen auch möglich, ihrem Kind zu Hause das Gefühl zu vermitteln, dass es auch in dieser Schule etwas lernt – selbst wenn ringsherum andere das anders sehen.

Die 1. Klasse

Ist die Leistungsdiskussion in der 1. Klasse gut überstanden, tritt sie meist in der 3. Klasse verstärkt wieder auf. Das hängt direkt mit der entwicklungspsychologischen Situation der Kinder in diesem Alter zusammen. Der Neun- bis Zehnjährige wacht in neuer Weise für seine Umwelt auf, er bekommt mehr Distanz zu ihr und schaut sie mit anderen Augen an. Er setzt sich in ein neues Verhältnis zu ihr. Hier vermag die Kenntnis der Entwicklungsgesetze Lehrern wie Eltern zu helfen, die kindlichen Veränderungen bewusster wahrzunehmen und richtig einzuordnen, z.B. auch, wenn Kinder in diesem Alter auf einmal frech werden. Sind solche Zusammenhänge jedoch nicht genügend bewusst, kann dies in der 3. oder beginnenden 4. Klasse zu einer latenten oder offenen Krise zwischen Lehrern und Eltern führen.

Die 3. Klasse

Eine nächste Entwicklungsschwelle kennzeichnet die 6. Klasse, hervorgerufen durch die erwachende Urteilsfähigkeit und die Vorpubertät. Alles wird nun von den Kindern beurteilt und der Kritik unterzogen, wenige werden verschont, meist nur, wenn sie zur eigenen Clique gehören. Die Gefühle spielen eine große Rolle und schwanken stark zwischen ausgeprägter Sympathie und Antipathie. Die Kinder haben es mit sich selbst und mit den anderen schwer, deshalb haben es auch die Eltern und die Lehrer mit ihnen schwer. Die Folge davon ist die «typische Sechstklasskrise», die meist tiefer geht und grundsätzlicher ausgetragen wird als die «Drittklasskrise».

Jetzt werden den Schülern auch die zwischen ihnen bestehenden Unterschiede im Leistungsvermögen immer deutlicher. Lernschwachen Kindern wird auf einmal bewusst, welche Defizite sie haben. Das kann bei ihnen einerseits zu Verhaltensauffälligkeiten führen, mit denen sie diese Mängel zu kompensieren versuchen, andererseits zum inneren Rückzug, zur Resignation. Das Gefühl «Ich kann das ja doch nicht», das sich bei manchen Kindern nun einstellt, wird häufig gut verborgen und äußert sich dann seelisch oder auch körperlich. Hier ist eine erhöhte Wachheit von Seiten der Eltern und der Lehrer sowie eine gute Verständigung untereinander erforderlich, um durch alles äußerliche Gehabe der Pubertierenden hindurchschauen und die tieferen Seelenregungen wahrnehmen zu können.

Die 6. Klasse

Ab diesem Alter unternehmen die Jugendlichen auch schon die ersten diversen Ausflüge in die Erwachsenenwelt; sie kommen mit Zigaretten, Alkohol oder Drogen in Berührung, manche – vor allem frühreife Mädchen – machen bereits Sexualerfahrungen. Die Entwicklungsunterschiede innerhalb der Klasse können jetzt sehr groß sein. Auch die Reaktionen der Eltern auf diese verschiedenen Versuche sind ganz unterschiedlich, von völliger Freizügigkeit, die die Kinder maßlos überfordert, bis hin zu rigider Strenge, die den Gesprächsfaden zwischen Eltern und Kind manchmal abreißen lässt. Das ohnehin in diesem Alter vorhandene Gefühl des Jugendlichen, dass «niemand mich versteht», kann hierdurch bestätigt bzw. verstärkt werden.

Die problematische Entwicklungssituation vermag sich in der Klasse seitens der Eltern als Kritik am Lehrer aufzuschaukeln, sie kann außerdem dazu führen, dass man einzelne Schüler aus der Klasse entfernen möchte, weil sie solche Probleme machen. Wichtig ist jetzt nicht nur das Gespräch zwischen Eltern und Lehrern, sondern auch der Eltern untereinander, da sich ihre Erziehungsstile stark unterscheiden. Gerade in diesem Alter vergleichen die Jugendlichen, was der eine darf und der andere nicht, und die Eltern sind oft hilflos, wie sie den vehement vorgebrachten Wünschen und Forderungen ihrer Kinder begegnen bzw. standhalten sollen.

Herr M. hat als Klassenlehrer der 7. Klasse zusammen mit drei Eltern die Klassenfahrt gut vorbereitet. Mit dem Fahrrad sind sie die gesamte Strecke in den Osterferien abgefahren, haben die Unterkünfte getestet und das Kernstück, die Kanufahrt auf dem Fluss, selbst ausprobiert. Auf dem Elternabend vor der Klassenfahrt sind nach dem Bericht der Vorbereitungsgruppe die Eltern sehr zufrieden, so dass nur noch einige organisatorische Fragen geklärt werden müssen. Dazu gehört auch die Frage, wie viel Taschengeld die Jugendlichen brauchen und mitnehmen sollten. Hier gehen die Meinungen erheblich auseinander. Da die Verpflegung für alle gemeinsam eingekauft wird und alle Eintrittsgelder aus der gemeinsamen Kasse bezahlt werden, sind eigentlich alle Grundbedürfnisse abgedeckt. So meinen einige Eltern, dass ihrem Kind für die zehn Tage eigentlich 30 DM Taschengeld reichen müssten, weil es sich sonst nur unnötige Sachen kaufen würde, während andere Eltern mindestens 150 bis 200 DM für unbedingt nötig halten, damit ihr Kind bei all den Strapazen der Fahrradtour möglichst auf nichts verzichten muss, was es sich sonst zu Hause leisten kann. Für eventuell notwendige Anschaffungen soll zusätzlich der Lehrer jeweils eine größere Summe in Reserve halten.

Die verschiedenen Erziehungsstile werden an dieser Frage sichtbar. Dem Lehrer und den begleitenden Müttern und Vätern ist es jedoch ein Anliegen, dass die Kinder sich zum einen nicht durch übermäßigen Konsum von Süßigkeiten den Magen verderben und zum anderen keine sozialen Konflikte durch eine Rangordnung des Geldausgebens entstehen, die von manchen Kindern nur schwer ertragen werden können. Also versuchen sie, eine Einigung für eine Begrenzung des Taschengeldes auf eine für alle leistbare Größe zu erreichen. Ein Großteil der Eltern sieht diese Argumente ein und will sich auf eine Begrenzung einigen. Zwei Eltern können das jedoch überhaupt nicht akzeptieren und finden es eine unzumutbare Einengung ihrer erzieherischen Freiheit. Nach längerem Hin und Her, das teilweise aggressive Töne enthält, erklären sich schließlich auch diese beiden mit einer Begrenzung auf 70 DM einverstanden, wenn sie dem Lehrer eine Reserve für besondere Fälle mitgeben können.

Schon am ersten Abend der Klassenfahrt ist das Thema unter den Jugendlichen, wie viel Geld jeder mitgenommen hat. Die einen finden, dass sie mit 70 DM sehr viel mitbekommen haben, einige andere wiederum bekennen oder prahlen, dass sie 200 oder 300 DM oder sogar noch mehr bekommen hätten, da man ja nie wisse, welche günstige Einkaufsgelegenheit einem unterwegs begegnet. Bewunderung, Neid, Empörung über die nicht eingehaltene Vereinbarung sind nur einige aus dem Spektrum der vielfältigen Gefühle der Jugendlichen, die diesen ersten Abend der Klassenfahrt begleiten ...

Der nächste große Entwicklungsschritt ist der Übergang von der 8. in die 9. Klasse, also von der Klassenlehrerzeit in die Oberstufe der Waldorfschule. Jetzt sind die Jugendlichen voll in der Pubertät mit all den damit zusammenhängenden körperlichen und seelischen Schwierigkeiten. Sie sind häufig für die Erwachsenen gar nicht mehr erreichbar und haben das Gefühl, diese verstünden sie nicht – und oft ist das ja auch der Fall. Der Mutter oder dem Vater fällt es schwer, die «eigenartigen» Phänomene am eigenen Kind, wie grüne, blaue oder andersfarbige Haare, provozierendes Verhalten u.ä., als zu dessen Entwicklung gehörig zu akzeptieren.

Manche Schüler geraten in der 9. Klasse außer Rand und Band, benehmen sich unmöglich, schikanieren andere Schüler und Lehrer usw. Hier bekommt das Verhältnis zwischen Eltern und Lehrern eine neue Qualität, da vielfach beide Seiten gleich hilflos den auftretenden Phänomenen gegenüberstehen. Andererseits ist diese

Phase auch gefährlich, da die auftretenden Probleme dazu verleiten, dass Schuldzuweisungen an die Lehrer oder an die Eltern – oder auch an die Jugendlichen – ausgesprochen werden. Damit ist aber niemandem geholfen.

Gerade in der 9. Klasse können manche Jugendliche bis dahin verfügbare Fähigkeiten auf einmal nicht mehr in gewohnter Weise nutzen und haben dadurch das Gefühl, zu wenig bzw. «nichts» zu können oder bisher «nichts» gelernt zu haben. Das geht unter Umständen so weit, dass sie sich selbst in ihrer Muttersprache nicht mehr richtig ausdrücken können. Schnell sind dann bei manchen Eltern die Urteile bei der Hand: Schuld daran ist der Klassenlehrer, der betreffende Fachlehrer, generell «die Schule» oder auch der jeweilige Schüler.

Die 9. Klasse

Ich habe Elternabende erlebt, auf denen sich eine größere Gruppe von Eltern in solch einer Schuldzuweisung gegen einen Lehrer einig war und, da die Beweise durch mangelhafte Leistungen der Schüler ja offensichtlich auf der Hand lagen, sich auch im Recht glaubten mit ihrer Forderung, den betreffenden Lehrer aus dieser Klasse abzulösen. Auch habe ich verzweifelte Schüler erlebt, die von Eltern und Lehrern gemeinsam für ihren Leistungsabfall kritisiert wurden und nicht wussten, was mit ihnen los war, weil sie ihre bis dahin recht guten Leistungen auf einmal nicht mehr in derselben Weise erbringen konnten. Sie begannen an sich zu zweifeln und suchten nun verschiedene Auswege aus dieser unangenehmen Situation – indem sie auswichen und Ablenkung in Cliquen oder Freundschaften suchten, aggressiv wurden oder sich in sich selbst zurückzogen und sich mit Musik, Alkohol, Drogen betäubten. Aber auch diese Auswege werden von Eltern und Lehrern oft falsch gedeutet und durch moralisierende oder bestrafende Reaktionen dann noch verstärkt. So kann ein Teufelskreis des Missverstehens entstehen.

Hilfreich mag es sein, wenn man Elternabende in dieser Zeit als eine Art «Selbsthilfeveranstaltung» von Eltern und Lehrern pubertierender Kinder ansieht. Beide Parteien müssen verstehen lernen, dass Ruppigkeit, Unverschämtheit, Verschlossenheit, Rücksichtslosigkeit der Jugendlichen altersbedingt und in gewisser Weise nötig sind, um sich von den alten Autoritäten und Vorbildern abzulösen und ihren eigenen Weg zu finden. So ist hier die gemeinsame Arbeit der Erwachsenen am Phänomen der Pubertät weit besser als der nutzlose Krieg gegenseitiger Vorwürfe.

Unter den möglichen Vorwürfen taucht in der 9. Klasse die angeblich mangelhafte Leistung in der Regel vehement wieder auf. Manche Jugendliche haben das Gefühl, auf dieser Schule bisher nichts gelernt zu haben; auch einige Eltern und Lehrer empfinden deren Leistungen vielleicht als ungenügend. Manche bisher bestehenden Lernbarrieren können in diesem Alter überwunden werden, es ist aber auch möglich, dass sich bestehende Schwächen deutlich verstärken. Deshalb sind für den Umgang mit den pubertierenden Jugendlichen klare Formen und Vereinbarungen, vor allen Dingen aber Humor und eine wache Beobachtungsgabe erforderlich. Entwicklungspsychologisch gesehen bilden die Jugendlichen jetzt neben der physischen Reifung ein bewusstes Empfinden für das eigene Seelenerleben aus, das zwischen den extremen Freuden und Leiden hin und her geworfen und als so neu erlebt wird, dass es noch gar nicht richtig verstanden werden kann. Die Jugendlichen sind ihren intensiven Gefühlen zunächst völlig ausgeliefert und lernen erst nach und nach damit umzugehen.

Wie kann man Phänomenen der Pubertät begegnen?

Jeder Lehrer einer 9. Klasse sollte wissen, dass es hier nicht in erster Linie auf die Inhalte ankommt, mit denen er die Schüler mehr oder weniger zu fesseln vermag, sondern dass er sich in einem laufenden «sozialen Härtetest» befindet. Unerbittlich wird er von den Schülern bis zum Äußersten herausgefordert, werden seine Grenzen gründlich ausgetestet und seine Belastungsfähigkeit erprobt. Die soziale Interaktion steht im Vordergrund, und wehe dem Lehrer, dem dies nicht bewusst ist. An diesen sozialen Herausforderungen scheitern relativ viele Lehrer in den 9. Klassen. Damit die

Eltern nicht noch zusätzlich zu deren Demontage beitragen, ist ein verständnisvolles Zusammenwirken beider Seiten notwendig. Denn ein Lehrer, der in einer 9. Klasse an seine Grenzen gerät, kann in anderen Klassen durchaus sehr gut zurechtkommen.

Wenn die Pubertätskrise von allen Beteiligten gemeistert ist, kommt am Ende der 10. oder in der 11. Klasse die Leistungsfrage erneut auf. Nun wird auf einmal realisiert, dass am Ende der Schulzeit doch auch Abschlussprüfungen stehen sollten, und der Blick darauf macht bestehende Defizite plötzlich schmerzhaft bewusst. Ein beliebter Mechanismus ist, alle bisherigen Versäumnisse der Schüler einfach den Lehrern und der Schule anzulasten. Hier können sich ganze Klassenelternschaften einig sein. «Man hätte doch viel strenger sein müssen, den Kindern viel mehr beibringen müssen.» So oder ähnlich lauten die Vorwürfe.

Die 10. und 11. Klasse

Viele mögliche Missverständnisse, Schuldzuweisungen und Auseinandersetzungen zwischen Eltern und Lehrern lassen sich also vermeiden, wenn derartige entwicklungsbedingte Situationen der Schüler – von der 1. bis zur 12. Klasse – berücksichtigt werden.

7. Welche Rolle können Eltern in der Entwicklung einer Waldorfschule spielen?

Die Basis der Zusammenarbeit der Eltern untereinander und mit den Lehrern liegt auf der Klassenebene. Die Elterngemeinschaft einer Klasse bleibt mit geringfügigen Fluktuationen in der Regel zwölf Jahre zusammen, kann sich gut kennen lernen und als Gruppe arbeitsfähig werden, um Themen der Klasse oder der Schule gemeinsam zu bearbeiten. Hier konstituiert sich die Elternschaft in der konkreten Zusammenarbeit. Aus der Klassen-Elternschaft heraus können diejenigen Menschen, die von den anderen für geeignet angesehen werden, in eine Elternvertretung der Schule gewählt werden, in der alle Klassen vertreten sind. Damit wird solch ein Organ demokratisch legitimiert, und es hat die Möglichkeit, die in den einzelnen Klassen geleistete Arbeit auf Schulebene zusammenzuführen. Ebenso können von dort einzelne Themen zur Bearbeitung in die Klassen getragen werden.

Die Basis der Zusammenarbeit liegt auf der Klassenebene

Die Zusammenarbeit einer solchen Elternvertretung mit den anderen Organen der Schule, z.B. dem Lehrerkollegium und dem Vorstand, muss dann gemeinsam mit den anderen Organen entwickelt, beschrieben und geregelt werden. Jede Schule findet hier ihre eigene Form, die stark von ihrem Stil und den einzelnen Persönlichkeiten abhängt. So gibt es die Teilnahme von Lehrern an der Elternvertretung, die Teilnahme von Eltern an den Schulführungskonferenzen der Lehrer, gemeinsame Schulführungskonferenzen von Lehrerkollegium und Vorstand sowie andere jeweils schulspezifische Formen der Kooperation, wie Schulparlamente oder Gesamtkonferenzen von Eltern, Lehrern und Schülern.

Die Elternvertretung

Dabei darf aber nicht verwischt werden, dass wir es mit unterschiedlichen Gruppen zu tun haben. Eltern und Lehrer sind mit der Schule auf verschiedene Art verbunden und haben – neben dem gemeinsamen Anliegen der bestmöglichen Entwicklung der Kinder – auch verschiedene Interessen. Außerdem ist die Mitarbeit der Eltern in der Schule aus zeitlichen Gründen und aus der eingeschränkten Verfügbarkeit heraus begrenzt; Mütter und Väter können sich in der Regel nur zusätzlich zu ihrem Beruf, in der Freizeit und ehrenamtlich, beteiligen, während die Lehrer hauptberuflich und täglich in der Schule sind. So haben diese auch erhebliche Informationsvorsprünge und Kommunikationsvorteile.

Überall dort, wo eine Gruppe versucht, die andere zu dominieren, sei es, dass die Eltern stärker sind als die Lehrer oder – was öfter vorkommt – die Lehrer stärker als die Eltern, wird dies irgendwann zu Konflikten führen, die es notwendig machen, die bis dahin gelebte Rollenverteilung neu zu gestalten. Falls der Vorstand das eigentliche Schulführungsgremium ist, müssen hier Eltern und Lehrer gleichgewichtig vertreten sein, in anderen Fällen müssen geeignete Formen der Kooperation zwischen Vorstand und Kollegium gefunden werden. In einer Schule beispielsweise tagen der Vorstand und die Schulführungskonferenz der Lehrer abwechselnd wöchentlich getrennt und dann gemeinsam. In einer anderen Schule wurde eine Schulführungskonferenz gemeinsam aus Vorstand und Lehrern gebildet. Für den Fall, dass die Lehrerkonferenz stärker die Schulführung inne hat, sollten geeignete Formen der Beteiligung von Eltern aus dem Vorstand und gegebenenfalls auch anderen Elternvertretern in der Schulführungskonferenz gesucht werden.

Schulführung

Die Sichtweisen beider Gruppen können also unterschiedlich sein, sie sind aber beide berechtigt und durch ihre Rolle in der Schule bedingt. Das Anerkennen der Standpunkte und der unterschiedlichen Einbindung in die Schule ist eine Voraussetzung für eine fruchtbare Zusammenarbeit. Erst wenn beide Sichtweisen in einem konstruktiven Prozess partnerschaftlicher Kooperation zusammengeführt werden, kann es zu einer gedeihlichen Entwicklung der ganzen Schule kommen.

Es handelt sich bei dem Verhältnis von Eltern- und Lehrerschaft einer Waldorfschule insgesamt um einen sehr interessanten Prozess sowohl der jeweiligen Selbstorganisation und Selbstverwaltung als auch der gemeinsamen Verwaltung und Führung der Schule. Voraussetzung für eine gedeihliche Zusammenarbeit ist, dass diese Tatsache von allen Beteiligten als Chance zur Kooperation und als Lernfeld angesehen wird. Durch eine bewusste Organisationsentwicklung kann vermieden werden, dass aufgrund unklarer Verhältnisse unnötige Machtkämpfe entstehen.

Die Qualität der Zusammenarbeit verändert sich aber auch im Laufe der Entwicklung des Schulorganismus. Wir wollen daher im Folgenden charakteristische Phasen dieser Entwicklung betrachten.

Die «Pionierphase» einer Waldorfschule

Gerade bei den Neugründungen von Waldorfschulen in den letzten fünfzehn bis zwanzig Jahren haben in der Regel Eltern die entscheidende Rolle gespielt. Aktive Mütter und Väter haben oftmals auch längere Zeit ohne die künftigen Lehrer die Vorbereitungen zur Gründung einer Schule getroffen, von der Gründung und dem Betrieb eines oder mehrerer Kindergärten bis hin zur Suche eines Grundstücks und geeigneter Räume. Immer haben diese aktiven Gründungseltern auch die ersten Lehrer ausgesucht und eingestellt.

In dieser Aufbauphase, die neben der Gründungsvorbereitung und der Gründung selbst auch die ersten Jahre des Schulbetriebes umfassen kann, fühlen sich in der Regel alle wie eine große Familie, die gemeinsam diese Schule aufbaut. Alle sind engagiert, pakken dort an, wo es gerade notwendig ist, identifizieren sich mit dem Projekt und sind überzeugt, dass es wichtig und gut ist. Der Erfolg ist am Wachsen der Initiative, dann des Kindergartens und der Schule sichtbar und beflügelt. Misserfolge und Widerstände lassen die Kräfte wachsen und schweißen die Gruppe zusammen.

Diese Phase wird in der Unternehmensentwicklung als «Pionierphase» bezeichnet.[8] Sie ist von hoher Flexibilität, Improvisationsgabe und starker Kundenorientierung geprägt. Charakteristisch ist außerdem, dass starke Gründerpersönlichkeiten mit einem gewissen Charisma die gemeinsame Idee vertreten und tatkräftig das Projekt vorantreiben. In dieser Phase finden wir hohen persönlichen Einsatz der einzelnen Menschen, gute informelle Zusammenarbeit, Orientierung am gemeinsamen Ziel und an den Gründerpersönlichkeiten sowie sehr wenige festgelegte Regelungen und formale Strukturen. Normalerweise gibt es auch keine Rollenunterschiede zwischen Eltern und Lehrern, alle sind Pioniere und wollen die Schule.

Mit wachsender Größe eines Unternehmens wird immer mehr Differenzierung, Arbeitsteilung und damit verbundene Spezialisierung notwendig. Das bedeutet aber auch, dass die Aufgabenverteilung und die Kompetenzen geregelt und Verfahren für Willensbildung, Koordination und Entscheidung festgelegt werden müssen. Da diese Phase von starken Differenzierungen im Innenbereich gekennzeichnet ist, wird sie als «Differenzierungsphase» bezeichnet. Als weitere Merkmale können beobachtet werden: eine stärkere Vereinzelung, Verlust an Wärme, mehr Distanz, immer mehr formale Regelungen statt direkter menschlicher Beziehungen, Verschwinden oder Absetzen der Gründerpersönlichkeiten, zunehmende Bedeutung von Organisation und Formalisierung.

«Differenzierungsphase» und «Integrationsphase»

Die dritte Phase, die sogenannte «Integrationsphase», ist durch den Versuch gekennzeichnet, die negativen Folgen der notwendigen Differenzierung durch integrative Maßnahmen und Prozesse auszugleichen, z.B. durch die Orientierung an einem gemeinsamen Leitbild, Verstärkung der Kooperation, Abbau von Hierarchien und Stärkung der Selbstverantwortung durch Delegationen.

Bei einer Waldorfschule im Aufbau bemerken wir die erste größere Differenzierung (also den Beginn der «Differenzierungsphase») zu dem Zeitpunkt, wo das neu gebildete Lehrerkollegium für seine pädagogische Arbeit eigene Arbeitsformen sucht, an denen die

Eltern nicht mehr beteiligt sind. Dadurch, dass das Lehrerkollegium täglich zusammenarbeitet und wöchentliche Konferenzen abhält, findet es stärker als eigene Gruppe zusammen und trifft – bedingt durch die Erfordernisse des täglichen Schulbetriebs – immer mehr Entscheidungen ohne Elternbeteiligung.

Auch wenn es aus den Entwicklungsgesetzmäßigkeiten der Organisation Schule heraus notwendig ist, dass die direkt am «Betrieb» Beteiligten adäquate Formen der Information, Kooperation und Schulführung entwickeln, besteht doch die Gefahr, dass Eltern sich auf einmal an den Rand gedrängt, zu wenig beteiligt und von wichtigen Entscheidungen ausgeschlossen fühlen. Wenn dies dann auch noch von Lehrern mit der mangelnden pädagogischen Kompetenz der Eltern oder der einseitigen Elternsicht auf pädagogische Fragen begründet wird, sind herbe Enttäuschungen und Zweifel an der Kooperationsbereitschaft der Lehrer und damit am «Kooperationsmodell Waldorfschule» überhaupt die Folge.

Schon hier kann eine bewusste Entwicklung neuer Formen der Kooperation in einem sich differenzierenden Schulorganismus einsetzen, so dass die notwendige Arbeitsteilung positiv ergriffen und durch Formen der gegenseitigen Information, Konsultation und Beratung für alle fruchtbar gemacht werden kann. Spätestens in dieser Entwicklungsphase einer Schule also ist es wichtig, dass innerhalb der Schulgemeinschaft auch die Rolle der Eltern neu definiert und klar beschrieben wird. Die Aufgaben innerhalb der Schule und deren Verteilung auf Lehrer und Eltern müssen geklärt werden.

Die Rolle der Eltern definieren und beschreiben

Der nächste Schritt der Entwicklung kann darin bestehen, dass sich im Lehrerkollegium eigene Formen für die Schulführung herausbilden. Auch hier treten die beschriebenen Phänomene der Entfremdung rasch auf, wenn nicht die hauptamtlich tätigen Lehrer den ehrenamtlichen Vorstand in alle Entwicklungsfragen der Schule bewusst einbeziehen. Falls etwa ein vom Kollegium allein eingestellter Lehrer pädagogisch oder innerhalb des Kollegiums scheitert und die Schule verlassen muss, die Elternschaft aber nicht wie früher in diese Prozesse eingebunden ist, kann leicht eine Polarisierung zwischen Eltern und Lehrern bzw. Vorstand und Kollegium einsetzen.

Auch hier ist der kritische und damit der interessante Punkt, einerseits an der Entwicklung der geeigneten Formen differenziert zu arbeiten, andererseits für genügend Einbindung der Partner zu sorgen. Das ist in dieser Phase nicht einfach, da jedes sich neu bildende Organ erst einmal die Tendenz hat, sich abzugrenzen und mit sich selbst zu beschäftigen, um seine eigene Identität und Arbeitsweise zu finden. Dadurch ist es zunächst auf sich bezogen, verletzlich und wenig bereit zur Auseinandersetzung mit der Umwelt. Eine Begleitung dieser Prozesse von außen kann helfen, die blinden Flecken, die durch die eigene Entwicklungsdynamik bedingt sind, erkennen und überwinden zu lernen.

Entwicklung neuer Formen, Einbindung der Partner

Mit dem Wachstum der Schule und damit auch der Aufgaben nehmen meist die Arbeitskreise an Anzahl und Umfang zu. Weiterhin differenzieren sie sich nach Arbeitskreisen der Eltern, der Lehrer und gemeinsamen Arbeitskreisen. Jeder Kreis arbeitet erst einmal für sich, und häufig fehlt dann das Forum der gegenseitigen Information und Abstimmung. Oft ist dieses Engagement auch von basisdemokratischen Impulsen geprägt, so dass sich die Beteiligten gegen eine Koordination z.B. durch den Vorstand oder eine Schulführungskonferenz vehement wehren, weil sie diese als Machteingriff von oben empfinden. Gerade in der Euphorie einer Pionierphase ist es schwer, die einsatzbereiten Eltern und Lehrer davon zu überzeugen, dass es auch in einem selbst verwalteten Schulorganismus so etwas wie eine Unternehmensführung geben muss.

Schon nach wenigen Jahren ist auch eine Differenzierung innerhalb der Elternschaft bemerkbar in diejenigen, die von Anfang an dabei waren, und diejenigen, die später dazukamen. Diese finden dann schon eine aktive Gruppe und eine laufende Schule vor und sind deshalb meist sehr viel weniger in das Schulleben eingebunden und am Aufbau der Schule engagiert. Man kann dann Klagen der «alten» Eltern über die «neuen» hören, dass sie sich zu wenig aktiv an den Aufgaben beteiligten. Tauchen solche Vorwürfe häufiger auf, ist Vorsicht geboten, denn daraus kann eine latente Spaltung der Elternschaft in frustrierte Alteltern und demotivierte Neueltern entstehen.

Differenzierung innerhalb der Elternschaft

Irgendwann werden auch die Gründerpersönlichkeiten abgelöst, meist erst auf Elternseite, später auf Lehrerseite – ein notwendiger Vorgang der Emanzipation, der in der Regel aber mit Enttäuschungen der Betroffenen verbunden ist. Die Art der Ablösung von den Gründern ist sowohl von deren Stil als auch von der Reife der Gemeinschaft geprägt und kann daher ganz verschiedene Formen annehmen.

In vielen Fällen bedeuten diese Vorgänge jedoch keinen wirklichen Übergang in eine Differenzierungsphase der Schule, sondern nur die Verlängerung einer «überreifen Pionierphase». Das heißt, dass zwar die positiven Qualitäten der Pionierphase verschwunden sind, aber keine klaren Aufgabenverteilungen und -beschreibungen mit Kompetenzabgrenzungen eingeführt sind, ebensowenig klare Verfahren für nachprüfbare, transparente Entscheidungen z.B. bei Schüleraufnahmen, Beurlaubungen oder Lehrerentlassungen. So ist es möglich, dass sich informelle Machtstrukturen herausbilden, die nur von wenigen «Insidern» überhaupt durchschaut werden können, während die ganze Gemeinschaft der Illusion der basisdemokratischen Selbstverwaltung ohne Führung anhängt. In der Folge breitet sich aufgrund unklarer Verfahren und Entscheidungsregeln sowohl unter den Lehrern als auch unter Eltern und Schülern vielfach Angst aus. Es entstehen Traditionen, bestimmte Rollen schreiben sich fest und dürfen nicht hinterfragt werden. Damit verbunden ist ebenso die Gefahr des Dogmatismus wie die des Laisser-faire. Es entsteht ein Potential für Spannungen und Konflikte.

«Überreife Pionierphase»

Andererseits existieren natürlich gewisse Differenzierungen und Arbeitsteilungen sowie Spezialisierungen, so dass man es neben der «überreifen Pionierphase» mit einer «zu wenig entwickelten Differenzierungsphase» zu tun hat. Dieser Zwischenzustand erweist sich in manchen Schulen als sehr langlebig und resistent gegen Veränderungsversuche.

Andere Schulen wiederum legen rechtzeitig aus dem Schwung der Gründungsphase heraus die geeigneten Strukturen und Verfahren fest, z.B. Fragen der Gehaltsordnung, der Elternbeitragsordnung, klare Aufgabenbeschreibungen für Kollegium, Vorstand und Arbeitskreise, Elternvertretung, Schulparlament, Vertrauenskreis, Schiedsgericht usw. Damit werden sie in einer bewusst strukturierten Weise auf den verschiedenen Gebieten des Schullebens arbeitsfähig. Allerdings wird auch hier von verschiedenen Menschen beklagt, dass die Wärme, die Nähe, die starke Bindung an einzelne Persönlichkeiten, die Flexibilität, auf individuelle Wünsche oder Situationen einzugehen – also typische Qualitäten der Pionierphase –, nicht mehr wie früher vorhanden seien.

Geeignete Strukturen und Verfahren

Häufig wird bei der Arbeitsteilung sowie der Differenzierung und Formalisierung der Prozesse zu wenig berücksichtigt, dass bei einer Waldorfschule (im Unterschied zu einer Dienstleistungsorganisation oder einem Produktionsbetrieb) in dieser Phase immer auch schon integrative Elemente mit veranlagt sein müssen, da wir es hier nicht mit einer normalen Kundenbeziehung zu tun haben, sondern die Eltern sowohl Träger der Schule als auch Auftraggeber sowie Abnehmer in Stellvertretung ihrer Kinder sind. Wird diese besondere Beziehung nicht genügend beachtet, so treten Spannungen, Kritik und Konflikte als «Entwicklungsstörungen» auf, die darauf hinweisen, dass etwas im Verhältnis der Beteiligten (Eltern, Schüler, Lehrer) und der Organe der Schulgemeinschaft nicht in der richtigen Weise gestaltet ist.

Hier sind dann bewusst geplante Prozesse der Organisationsentwicklung nötig. Aus einer gründlichen gemeinsamen Analyse der

Situation wird gemeinsam eine möglichst zutreffende Diagnose abgeleitet, und daraufhin werden gezielte Veränderungen eingeleitet. Dabei müssen die Beteiligten selbst immer auch ihre bisherigen Haltungen und Einstellungen verändern, da diese ja zu den problematischen Strukturen geführt haben. Sonst werden sich auch in mühsam erarbeiteten neuen Strukturen die alten Verhältnisse fortsetzen. Es ist daher nötig, dass nicht nur inhaltlich an den Veränderungen gearbeitet wird, sondern dass die einzelnen Menschen sowie die Gremien und Gruppen die Möglichkeit für individuelle Lernprozesse bezüglich ihrer sachlichen und ihrer sozialen Fähigkeiten bekommen. Sie können dann innerhalb der neuen Strukturen auch neue Erfahrungen machen, neue Arbeitsweisen erlernen und neue Einstellungen entwickeln.

Fragen der Organisationsentwicklung

Häufig ist das Bewusstsein für diese Organisationsentwicklungsprozesse bei den Eltern stärker ausgeprägt; sie erleben als außerhalb des eigentlichen Kernprozesses der Schule Stehende die Qualitäten, aber auch die Defizite deutlicher als die im täglichen Prozess eingebundenen Lehrer. Deshalb kommt auch meist von ihnen und nicht von Lehrern der Wunsch nach Supervision, nach externer Begleitung, Organisationsentwicklung, Personalentwicklung und Qualitätssicherung.[9]

Inzwischen wird noch eine vierte Phase in der Entwicklung eines Unternehmens unterschieden, die sogenannte «Assoziationsphase».[10] In dieser konzentriert sich die Aufmerksamkeit nicht mehr nur auf das eigene Unternehmen, sondern auch auf die Kooperation mit anderen Betrieben und Organisationen. Das Unternehmen wird immer im Zusammenhang mit anderen Unternehmen gesehen, von denen es Produkte bezieht oder an die es sie liefert.

Die «Assoziationsphase»

Übertragen auf das Feld der Waldorfschulen haben wir hier einerseits schon relativ viel und andererseits sehr wenig erreicht. Relativ viel ist entwickelt worden in der Form der Zusammenarbeit zwischen Waldorfschulen regional, bundesweit, im europäischen und weltweiten Zusammenhang, z.B. von Nachbarschulen, von Neugründungen und deren Patenschulen, in internationalen Patenschaften oder Kooperationen. Dabei finden wir allerdings häufig eine Betonung der Lehrerzusammenarbeit.

Zusammenarbeit zwischen Waldorfschulen

Das Zusammenwirken der Eltern z.B. von Nachbarschulen oder der Patenschule und der neu gegründeten Schule ist oft sehr viel weniger ausgebildet. In den Landeselternräten, dem Bundeselternrat und im European Council of Parents sind übergeordnete Formen der Kooperation auch der Eltern geschaffen worden, in der direkten Zusammenarbeit zwischen den Elternschaften einzelner Schulen ist jedoch noch viel Raum für neue Initiativen.

In der Regel noch sehr wenig kultiviert ist die Zusammenarbeit mit staatlichen Schulen im Umfeld der einzelnen Waldorfschule sowie mit anderen Einrichtungen oder Personen, die mit einzelnen Schülern zu tun haben, z.B. Erziehungsberatungsstellen, Schulpsychologen, Fördereinrichtungen oder Nachhilfelehrern. Wenn Kontakte bestehen, werden diese meist von Lehrern gepflegt, die Eltern haben diesen Bereich für ihre Mitarbeit in der Regel noch nicht entdeckt. So ist es noch die Ausnahme, dass der Elternkreis einer Waldorfschule mit den Elternbeiräten der staatlichen Schulen am Ort zusammenarbeitet.

Ein weiteres Feld solcher Beziehungen zur Umgebung ist die Zusammenarbeit mit Betrieben, in denen Schüler Praktika oder Praxisphasen verbringen, z.B. mit Bauernhöfen, Handwerksbetrieben, Sozialeinrichtungen und Wirtschaftsbetrieben. In diesem Bereich werden die Eltern wieder ähnlich wichtig wie in der Gründungsphase, da sie im Umfeld der Schule tätig sind und vielfältige Beziehungen in die verschiedenen Betriebe hinein haben. Solche Kooperationen setzen aber eine funktionierende Binnenstruktur der eigenen Schule im Sinne der Differenzierungs- und Integrationsphase voraus,

Beziehung zur Umgebung

damit die Schule ein verlässlicher Partner in solchen Beziehungen sein kann.

Gerade im Hinblick auf die Organisationsentwicklung einer Waldorfschule sind die Eltern ein wichtiger Faktor. Wie die Beziehungen der Lehrerschaft zu ihrer Elternschaft gestaltet sind, welche Qualitäten sie haben und inwieweit die Potentiale der Mütter und Väter in die Schule mit einfließen können, kennzeichnet wesentlich den Zustand und die Entwicklungsstufe einer Schule.

Beispiele

Die folgenden Beispiele aus der Praxis sollen vor allem die Rolle der Eltern bei der Gestaltung und Entwicklung einer Waldorfschule während einer ganz bestimmten Entwicklungsphase illustrieren. Dabei wird auch deutlich, wie vielfältig und wie unterschiedlich die Gestaltungsmöglichkeiten, die Bedingungen und Anforderungen in jeder Schule sein können. Keines der Beispiele kann selbstverständlich nachgeahmt werden und soll deshalb auch nicht als Vorbild hingestellt werden. Jede Entwicklungsphase einer Schule bedingt spezifische Formen der Eltern-Lehrer-Zusammenarbeit, jede einzelne Schule wird besondere Ausprägungen durch die jeweils dort gegebenen Bedingungen und die mitarbeitenden Menschen entwickeln. Insofern können die hier dargestellten Beispiele nur Hinweise darauf sein, wie man es auch machen kann, sollen aber auf keinen Fall dazu anregen, sie einfach auf die eigene Schule zu übertragen. Die Beispiele stammen aus der Praxis des Autors als Schulentwicklungsbegleiter.[11]

Zum Beispiel: Eltern bauen die Oberstufe

Eine aufbauende Waldorfschule ist bei der 6. Klasse angelangt, und die Eltern fragen sich, wie es nach der Klassenlehrerzeit, also nach der 8. Klasse, weitergehen wird. Im Lehrerkollegium, das bisher nur aus Klassen- und Fachlehrern für Unter- und Mittelstufe besteht, hat man alle Hände voll mit dem Aufbau dieses Bereichs zu tun und sieht sich überfordert, sich auch noch um den Aufbau einer Oberstufe zu kümmern. Daraus resultiert eine Haltung der Lehrer, die Schule doch nur bis zur 8. Klasse zu führen und erst einmal abzuwarten, bis sich diese Situation stabilisiert hat. Dann will man weitersehen, ob eine Oberstufe aufgebaut werden kann und soll. Da es sich um eine Schule außerhalb von Deutschland handelt, die keine staatlichen Zuschüsse bekommt, sind solche Überlegungen eher verständlich als unter deutschen Verhältnissen.

Einige der Eltern haben sich stark mit der Waldorfschule identifiziert und wollen – wenn irgend möglich –, dass ihre Kinder bis zur 12. Klasse im Sinne der Waldorfpädagogik lernen können und erzogen werden. Sie organisieren daraufhin Vorträge und Wochenendseminare mit externen Referenten, die Themen der Waldorfpädagogik, speziell auf die Oberstufe bezogen, sowie Fragen der Organisationsentwicklung und zur Schulung sozialer Fähigkeiten behandeln. In einem Wochenendseminar mit ca. vierzig Eltern und einigen Lehrern kommt es zur konkreten Frage: «Wer möchte sich aktiv für den Aufbau der Oberstufe an unserer Schule einsetzen?» Diese Menschen werden gebeten, aus dem großen Kreis ihren Stuhl in die Mitte zu rücken, so dass für alle sichtbar wird, wer die Oberstufe aufbauen will. Fünfzehn Menschen – dreizehn Eltern und zwei Lehrer – bilden einen Innenkreis: Die Oberstufen-Initiative (OSI) ist entstanden.

Diese Gruppe tagt ab jetzt wöchentlich mindestens zwei Stunden und bittet einen externen Waldorf-Schulberater, den Prozess des Oberstufenaufbaus zu begleiten. Alle vier Wochen findet ein intensives Seminarwochenende mit externer Moderation statt, in dem die inhaltlichen Fragen der Waldorfpädagogik des dritten Jahrsiebts besprochen, soziale Fähigkeiten für die Gruppenarbeit erübt werden und eine Arbeitsorganisation mit Arbeitsgruppen und Arbeitsplanung entwickelt wird, um die verschiedenen Teilbereiche des Oberstufenaufbaus bearbeiten zu können.

Über etwa zwei Jahre hinweg erarbeitet die Gruppe vertiefend Erhard Fuckes *Grundlinien einer Pädagogik des Jugendalters*[12] mit ergänzendem Studium an entsprechenden Vorträgen Rudolf Steiners. Diese Arbeit fällt einigen Menschen zunächst sehr schwer, da sie sich mit dem anthroposophischen Menschenbild und den speziellen Entwicklungsphasen im Jugendalter erkenntnismäßig auseinander setzen müssen. Andererseits wird sie stets an praktische Lebenserfahrungen angebunden, und es ergeben sich Forschungsfragen aus der Lektüre, die in der täglichen Praxis bearbeitet werden können.

Die weiteren Arbeitsgebiete – Fragen zum Lehrplan der Oberstufe, zur Lehrerfindung, Schülersituation, zur Elternarbeit, Raum und Finanzfragen, Öffentlichkeitsarbeit u.a. – werden in Arbeits- und Zeitplänen geordnet und an verantwortliche Menschen mit genauer Aufgabenbeschreibung und zeitlichen Vereinbarungen mandatiert. An den Wochenenden wird jeweils der Stand der Arbeitsgruppen berichtet und eine entsprechend vorbereitete Fragestellung intensiv bearbeitet.

In diesem Prozess beweisen die Eltern ein hohes Engagement, einen starken Lernwillen und ein großes Durchhaltevermögen. Die Gruppe bleibt im Wesentlichen stabil. Einzelne Menschen scheiden durch ihre Lebensumstände bedingt aus. Je länger die Gruppe so intensiv arbeitet, desto schwerer wird es für neu Hinzukommende, den Anschluss zu finden. Von den drei bis vier mitarbeitenden Lehrern war eine Lehrerin immer dabei, die anderen teilweise sporadisch.

Der anfängliche Widerstand des Unterstufenkollegiums gegen den Aufbau der Oberstufe schwindet, da immer mehr sichtbar wird, dass die OSI gute und gründliche Arbeit leistet. Zum Thema Oberstufe, aber auch zu den Fragen des sozialen Lernens werden zusätzlich öffentliche Vorträge und Seminare in der Stadt und in der Universität mit verschiedenen bekannten externen Referenten aus der deutschsprachigen Waldorfbewegung veranstaltet. Dafür wurde ein eigener «Verein für goetheanistische Forschung und Erwachsenenfortbildung» gegründet, der diese Veranstaltungen organisiert, finanziert und nach entsprechenden Bemühungen auch öffentliche Mittel aus dem Kulturprogramm der Stadt erhält. Dies ist dem großen Einsatz vor allem eines Schülervaters zu verdanken. Der Verein wirbt auch um Spenden für den Aufbau der Oberstufe und kann damit wesentliche finanzielle Mittel für die ersten Jahre bereitstellen, ohne die es die Oberstufe nicht hätte geben können.

Die Eltern der Oberstufen-Initiative entwickeln durch ihre Grundlagenarbeit so viel Kompetenz, dass ihre Arbeit von den anderen Eltern anerkannt wird und auch im Lehrerkollegium Beachtung findet. Fehler werden offen behandelt und als Chance zum Lernen genutzt. Neben der eigenen Aktivität ist dafür die Arbeit mit dem externen Begleiter sehr wichtig. Sie ermöglicht einen laufenden Übungsprozess und bietet außerdem ständig eine Spiegelung, Kontrolle und Kritik von außen.

So kann diese Gruppe, obwohl sie hauptsächlich aus Eltern besteht, den Aufbau der Oberstufe bis hin zur Auswahl und Einstellung der neuen Lehrer durchführen, wobei die Schulgemeinschaft laufend über den Stand informiert wird. Zu bestimmten Fragen, vor allem bei der Einstellung neuer Lehrer, wird das Unterstufenkollegium beratend angehört. Für viele der Oberstufenlehrer, die sich um die neu zu besetzenden Stellen bewerben, ist es äußerst ungewöhnlich, sich mit einer Gruppe auseinander zu setzen, die hauptsächlich aus Eltern besteht. Dies erweist sich bald als ein Prüfstein, ob eine partnerschaftliche Zusammenarbeit der neuen Lehrer mit den am Aufbau beteiligten Eltern gewollt und möglich ist. Manche finden den Ansatz interessant, einige dulden das Gespräch mit den Eltern, obwohl sie sich innerlich dagegen wehren, andere halten diese Art der Kooperation für völlig unmöglich.

Das Ganze findet unter erheblich erschwerten Bedingungen statt, nämlich äußerst knappen finanziellen Mitteln, Raumnot, Skepsis des bestehenden Kollegiums, und mit relativ wenigen Schülern. Dennoch kann eine 9. Klasse mit achtzehn Schülern beginnen, von denen zwei besonders große und vier erhebliche Lernschwierigkeiten haben.

Eine Besonderheit dieser beginnenden Oberstufe ist, dass Eltern und Lehrer der Initiative vereinbart haben, den Aufbau als Forschungsprojekt im Sinne von Aktionsforschung anzusehen und am Ende jeder Epoche von drei oder vier Wochen eine Auswertung seitens der Lehrer wie der Schüler und der Eltern vorzunehmen. Außerdem findet eine Woche lang ein gemeinsamer Rückblick und eine Auswertung des ganzen Schuljahres statt, in dem von Eltern, Schülern und Lehrern über das Gelernte und über die Mängel Bilanz gezogen wird. In diesem Zusammenhang stehen auch ein Theaterspiel, eine Ausstellung aus den verschiedenen künstlerischen Fächern, Praktikumsberichte, Reiseberichte usw.

Im Rahmen dieser Auswertung des ganzen Schuljahres wird als Projekt von den Schülern eine Schülerzeitung mit Charakterisierung der einzelnen Schüler und Lehrer selbständig erarbeitet. Redaktion und Herstellung finden in Kooperation mit einem Vater statt, der selbst einen kleinen Verlag betreibt und in Tag- und Nachtschichten den Schülern bei der Produktion ihrer Zeitung zur Seite steht.

Die Schülerzeitung ist ein Element des von Anfang an vorgesehenen Projektunterrichtes, der aber nur sehr anfänglich versucht wird. In einer Geologie-Epoche wird als gemeinsames Projekt ein Alpenlehrpfad angelegt, auf dem die dort vorkommenden Gesteine erklärt werden. Es zeigt sich jedoch, dass die Lehrer noch zu wenig geschult sind, um die Schüler in genügender Weise an der Vorbereitung und Durchführung des Projektes zu beteiligen. Projektunterricht setzt eine ganz andere Planung und Vorbereitung voraus, die sich nicht auf die inhaltliche Klärung der zu bearbeitenden Fragestellungen bezieht, sondern den Arbeitsvorgang als Lernprozess für die Schüler in der richtigen Weise vorplant und vorbereitet. Die dafür vorhandenen Hilfsmöglichkeiten von Eltern werden nicht ausreichend genutzt. An den Fragen des Projektunterrichtes treten Spannungen zwischen den Eltern in der OSI und den durchführenden Lehrern auf, da die Eltern eigentlich mehr davon erwartet haben, als diese zu leisten gewillt und imstande sind. Die Unstimmigkeiten sind aber nur schwer zu bearbeiten, da sich die Lehrer in der Aufbausituation und in der intensiven Zusammenarbeit mit der OSI eigentlich ständig überlastet fühlen. So kommt es nicht zu einer besonderen Ausbildung des Projektunterrichtes.

Die Auswertungen des ersten Jahres umfassen schließlich einen ganzen Aktenordner. Sie werden zusammengefasst und in einem Forschungsbericht veröffentlicht. Die Materialien des zweiten und dritten Jahres liegen zwar vor, es fehlen aber die Menschen, die die Zeit haben, sie so zu überarbeiten, dass sie der Öffentlichkeit zugänglich gemacht werden können. Im vierten Jahr zeigt sich, dass die neu hinzugekommenen Lehrer teilweise nicht mehr bereit sind, das Forschungsprojekt in diesem Sinne weiterzutragen, da die schriftlichen und mündlichen Auswertungen sehr viel Zeit beanspruchen und ständig zur Reflexion des eigenen Handelns zwingen. Verschiedene neue, aber auch schon länger mitarbeitende Lehrer sehen den Sinn des Forschungsprojektes und der Zusammenarbeit mit den Eltern nicht mehr ein und empfinden die OSI mehr als Kontrolle denn als Hilfe. Andererseits sind die aktiven Eltern zum Teil auch der dauernden Widerstände müde geworden oder resignieren bzw. haben durch die Ablehnung der Lehrer eine fordernde und kritisierende Haltung entwickelt.

Eine Bestandsaufnahme und Analyse der Situation, bei der auch die zunehmende Distanzierung einiger Lehrer von der externen Begleitung und die daraus sich ergebenden Schwierigkeiten betrachtet werden, führt schließlich zu einer Neustrukturierung. Auf ausdrücklichen Wunsch der Lehrer, gegen den Willen der Eltern, wird der bisherige Forschungsansatz verlassen und die Zusammenarbeit mit den Eltern in der OSI in der bisherigen Weise eingestellt. Aufgrund der oben beschriebenen Situation haben die Lehrer eine starke Position und können sich gegen die Eltern durchsetzen. Allerdings verzichten sie damit auch auf viele Hilfen, die die OSI bisher bei der praktischen Arbeit der Oberstufe geleistet hat. Da die Schule sich insgesamt in einer sehr schwierigen Situation befindet, arbeiten einige aktive Eltern der Oberstufen-Initiative nun im Vorstand mit und versuchen dort, ebenfalls mit Hilfe externer Beratung und Begleitung, gemeinsame Wege der Kooperation von Eltern und Lehrern zum Erhalt und zur Stabilisierung der Schule zu entwickeln.

Eine schwere finanzielle Krise der Schule macht nötig, eine entscheidungskompetente Arbeitsgruppe für die Sanierung einzusetzen. Diese Gruppe – Eltern, Lehrer und Vorstandsmitglieder – wird durch den externen Begleiter vor allem in Bezug auf Arbeits- und Entscheidungsmethoden geschult und kann so die dringend notwendigen, teilweise schmerzhaften Eingriffe zur finanziellen Sanierung entwickeln und einige davon auch gegen massive Widerstände umsetzen. So kann der finanzielle Zusammenbruch abgewendet werden.

Nach einem Jahr ist diese Sanierungsarbeit so weit abgeschlossen, dass die Gruppe mit einem abschließenden Rechenschaftsbericht ihre Verantwortung an das Kollegium und den Vorstand wieder abgibt und nun wiederum neue Formen der Verantwortung und der Vorstandsarbeit gesucht werden. Vor allem ist es den Lehrern nach jahrelanger Diskrepanz zum Vorstand ein Anliegen geworden, wieder stärker mit den Eltern in der Vorstandsarbeit zusammenzuarbeiten.

Zum Beispiel: Konflikt als Entwicklungschance

Eine einzügige Waldorfschule erlebt im achten Jahr ihres Bestehens eine schwere Krise, ausgelöst durch interne Konflikte zwischen drei starken Lehrerpersönlichkeiten, die alle maßgeblich an der Gründung und dem Aufbau der Schule beteiligt waren. Streitfragen gibt es viele, eine wesentliche ist die Gestaltung der Oberstufe. Da die betreffenden Persönlichkeiten auch im Vorstand mitarbeiten, wird dieser in die Polarisierung einbezogen. Durch die öffentliche Austragung des Konfliktes über diverse Briefe ist auch die Elternschaft in verschiedene, sich bekämpfende Lager gespalten.

Eine kleine Elterngruppe will diesem Zustand ein Ende setzen, indem sie bei den Vorstandswahlen als Gruppe kandidiert und in den Vorstand gewählt wird; sie hat das Ziel, wieder normale Verhältnisse in der Schule herzustellen. Es tritt dadurch eine rapide Verschärfung und Beschleunigung des Konfliktes ein, der dem Vorstand die ernsthafte Überlegung nahe legt, ob die Schule nicht besser geschlossen werden sollte. Es werden Überlegungen für die Entlassung aller Lehrer und die Auflösung des Vereines zum Schuljahresende angestellt. Verschiedene Menschen aus der Waldorfbewegung, von den Paten bis zu Bundesvorständen, sind in den letzten Jahren und Monaten schon als Schlichter herangezogen worden – ohne anhaltenden Erfolg. Auf dem Höhepunkt der Krise wird ein externer Krisenberater und Entwicklungsbegleiter einbezogen. Durch einen dicken Aktenordner von Briefen und Protokollen, die Teilnahme an allen Gremiensitzungen und durch Einzelgespräche mit den Hauptbeteiligten des Konfliktes und anderen Menschen erhält er im Laufe einer Woche vor Ort einen Einblick in die bisherigen Geschehnisse. Es ergibt sich ein differenziertes Bild des Konfliktes, seiner tiefer gehenden Wurzeln, der

Hauptakteure, der vielfältigen Konfliktfelder, des Eskalationsgrades sowie der Befürchtungen und Hoffnungen.

In der Versammlung von Vorstand, Lehrern und interessierten Eltern zur Besprechung der weiteren Schulentwicklung erfolgt eine klare Selbstdiagnose durch die Beteiligten, und der externe Entwicklungsbegleiter gibt seine Einschätzung der Situation dazu. Eltern wie Lehrer haben den dringenden Wunsch, die Schule trotz aller Probleme für die Kinder zu erhalten. Allen ist deutlich geworden, dass eine radikale Änderung des Verhaltens und der Einstellungen nicht nur der «Matadoren», sondern auch des ganzen Umfeldes notwendig ist, um aus dieser Situation herauszukommen. Deshalb werden klar definierte «Waffenstillstandsbedingungen» ausgehandelt: Kommunikations- und Verhaltensregeln sowie die Vermeidung konflikteskalierender Verhaltensweisen. Außerdem ist der klare Wunsch vorhanden, mit Hilfe der externen Entwicklungsbegleitung an den Einstellungen zu arbeiten und neue Formen der Zusammenarbeit und des Umgangs miteinander aufzubauen.

So wird vereinbart, alle vier Wochen an einem Wochenende mit externer Moderation an der Überwindung des Konfliktes, der Entwicklung neuer Arbeitsformen und an den zentralen inhaltlichen Fragen der Entwicklung dieser Schule zu arbeiten. Dazu gehört z.B. auch die Sanierung der Finanzen. Im Zusammenhang damit werden sowohl von Kollegium und Vorstand eine neue Gehaltsordnung als auch in einem breit angelegten Prozess der Elternbeteiligung eine neue verbindliche Elternbeitragsordnung entwickelt.

Nach und nach werden die wichtigen Themen der Schulentwicklung wie Zusammenarbeit von Schulleitungskonferenz und Vorstand, Kindergartenentwicklung, Oberstufenaufbau, Außenkontakte, Öffentlichkeitsarbeit, Disziplinfragen, Fremdsprachen usw. bearbeitet. So wird von der Elternschaft in Abstimmung mit Vorstand und Kollegium auch eine neue Form der Elternvertretung an der Schule entwickelt. Es gab einen Elternkreis, der von einigen interessierten Müttern und Vätern aus eigener Initiative betrieben wurde, aber keinerlei Legitimation hatte und auch nicht ernst genommen wurde, vor allem, da er durch seine Beteiligung an dem Konflikt schwer beschädigt war.

Einige Eltern aus diesem Kreis ergreifen nun mit Unterstützung des Vorstandes die Initiative, eine neue Form der Elternvertretung an der Schule einzuführen.

Mit Hilfe des Schulentwicklungsbegleiters werden die Ziele und ein Arbeitsplan entwickelt und durchgeführt. Dieser reicht von der Auswertung fremder Beispiele über das Erarbeiten eigener Vorschläge und die Anhörung der schulführenden Gremien wie Vorstand und Kollegium bis hin zur Bearbeitung in den Elternabenden und auf Vollversammlungen. Der Arbeitsplan wird schrittweise abgearbeitet und gegebenenfalls entsprechend den veränderten Bedingungen modifiziert. Das Verfahren dauert etwa ein Jahr, bis eine von allen akzeptierte und von der ganzen Schulgemeinschaft getragene neue Form der Elternvertretung etabliert ist. Damit ist die durch die Konfliktsituation hervorgerufene Krise auch auf dieser Ebene überwunden.

Das neue Verfahren sieht nun vor, dass in jeder Klasse auf dem ersten Elternabend des neuen Schuljahres die Wahl zur Elternvertretung vorgenommen wird. Dabei werden ein Arbeitsbericht abgegeben, die Aufgaben der Elternvertretung dargestellt sowie das Wahlverfahren erläutert. Der erste Schritt ist die Klärung der möglichen Kandidaten. Diese erfolgt durch Vorschläge von allen Eltern der Klasse, indem jeder zwei Vorschläge auf einen Zettel schreibt (Vertreter der Klasse und Stellvertreter). Die Vorschläge werden gesammelt und sofort ausgewertet und die vorgeschlagenen Kandidaten gefragt, ob sie für diese Aufgabe zur Verfügung stünden. Wenn einige Kandidaten ihre Bereitschaft erklärt haben, findet eine geheime Wahl statt. So wird eine demokratisch legitimierte Vertretung der Klasse gefunden und in den Elternkreis delegiert.

Neben den gewählten Vertretern aus den Klassen steht der Elternkreis auch anderen Müttern und Vätern offen, die aus eigener Initiative kontinuierlich dort mitarbeiten wollen. Im Zuge der Einrichtung dieses neuen Kreises ist auch geklärt worden, zu welchen Fragen er in welcher Weise gehört werden muss, seitens des Vorstandes wie des Kollegiums. Einerseits hat er «nur» beratende Funktion, andererseits dürfen bestimmte Entscheidungen ohne Beratung im Elternkreis von

Vorstand und Kollegium nicht gefällt werden. Er hat auch Initiativrecht, das heißt, er kann Themen an das Kollegium oder an den Vorstand geben, die dort behandelt werden müssen.

Insgesamt hat sich dieses Modell in der Praxis recht gut bewährt. Manchen Eltern kam das Wahlverfahren anfangs zwar etwas zu kompliziert vor, es hat sich aber gezeigt, dass sowohl die vorher bestehende Unsicherheit, ob man die eigene Klasse wirklich vertreten könne, als auch die Gefahr der Selbsternennung, gegen die niemand etwas zu sagen wagt, damit ausgeräumt werden konnten. Durch dieses neutrale Verfahren werden von den Eltern auch Menschen aus der Klasse für die Elternvertretung vorgeschlagen, die von sich aus nie auf die Idee gekommen wären, sich für diese Funktion zu bewerben, obwohl sie sie sehr gut ausfüllen können. Es gelangen somit nicht nur die ohnehin immer initiativen und wortgewandten Personen in diese Elternvertretung, sondern auch stillere, zurückhaltendere Menschen. Dadurch hat die Qualität des Kreises gewonnen.

In diesem Falle handelt es sich um eine reine Elternvertretung, an der keine Lehrer – außer als Gäste auf eigenen Wunsch oder auf Einladung – beteiligt sind. Das ist notwendig, um dem Elternkreis gegenüber einer bis dahin dominanten Lehrerschaft eine eigene Identität zu ermöglichen. Es ist allerdings von vornherein klar, dass der Kreis sich als kooperatives Gremium versteht, das zum Wohle der Schule mit Kollegium und Vorstand intensiv und konstruktiv zusammenarbeiten möchte. Bei neueren Eltern stößt dieser ausgesprochen starke Wunsch nach Kooperation manchmal auf Verwunderung, gerade diejenigen aber, die die Krise miterlebt haben, wollen auf jeden Fall eine Polarisierung und ein Lagerdenken vermeiden, da sie deren negative Folgen erfahren haben. Da bei allen Fragen die jeweils Betroffenen einbezogen und angehört werden, ist es in der Praxis auch kein Problem, dass von der Konstitution des Elternkreises her keine Lehrer beteiligt sind.

Worauf es bei diesem Beispiel aus meiner Sicht vor allem ankommt, ist der *Prozess des Zustandekommens* solch einer Elternvertretung. Hier ist der Wunsch nach demokratischer Legitimation völlig berechtigt und kann in sinnvoller Weise innerhalb der Waldorfschule angewendet werden. Schon in dem Weg zur Findung einer neuen Form einer Elternvertretung können der Stil des Umgangs miteinander, der Wille zur Zusammenarbeit und die Bereitschaft zum offenen Gespräch sichtbar werden. So vermag bereits der Entstehungsprozess zu einer Akzeptanz und Vertrauensbildung für den neuen Elternkreis beizutragen. Es wird die ganze weitere Arbeit und die Zusammenarbeit mit den anderen Gremien prägen, wenn dabei das Prinzip der Kooperation von Anfang an angelegt wird.

Ein letztes Beispiel mag zeigen, wie durch äußere Anlässe eine Erneuerung festgefahrener Formen, eine erweiterte Elternbeteiligung und ein Entwicklungsprozess der gesamten Schule in Gang kommen kann.

Zum Beispiel: Finanzkrise belebt die Zusammenarbeit
Eine über zwanzig Jahre alte, große, zweizügige Waldorfschule ist eine «Lehrergründung» und hat im Laufe der Jahre auch einige Formen der Zusammenarbeit mit den Eltern entwickelt. So gibt es zwar eine Eltern-Lehrer-Konferenz, sie führt jedoch ein Schattendasein und wird außer von den direkt daran beteiligten sechs bis acht Eltern aus den 26 Klassen und der ein bis zwei teilnehmenden Lehrern wenig ernst genommen. Wie häufig im Leben sind es äußere Anstöße, die die Entwicklung neuer Formen nötig machen.

In diesem Fall erfordern die finanziellen Schwierigkeiten das Gespräch mit den Eltern und deren aktivere Beteiligung an den Finanzfragen der Schule. Im ersten Schritt werden keine neuen Gremien gebildet, sondern aus dem Vorstand und dem Aufsichtsrat wird die Initiative zu einem Gespräch über eine Erhöhung der Elternbeiträge bzw. ein neues Elternbeitragssystem in alle Klassen getragen. Dazu finden an zwei aufeinander folgenden Wochen jeweils in allen Klassen parallel Elternabende statt. Ziel ist es, mit dem Thema die einzelnen Klassengemeinschaften gleichzeitig zweimal hintereinander zu erreichen.

In den Klassen entsteht Betroffenheit über die finanziellen Engpässe und vor allem darüber, dass nach Jahren des relativ geringen finanziellen Engagements der Eltern und – unter anderem dadurch bedingt – der Veränderung der Elternschaft hin zu Eltern mit geringeren Einkommen nun auf einmal die Frage nach einer stärkeren Beteiligung an der Schulfinanzierung aufgeworfen wird. Die erste Reaktion ist, nach anderen Geldquellen zu suchen, seien es der Staat oder irgendwelche Sponsoren. Außerdem gibt es Zweifel ob das bestehende Elternbeitragssystem der freien Selbsteinschätzung die Lasten wirklich gerecht auf die Elternhäuser verteilt oder von einer Reihe von Eltern zum «Trittbrettfahren» benutzt wird. Diese und andere Fragen werden intensiv und kontrovers diskutiert und sind damit zum Thema der ganzen Schulgemeinschaft geworden.

Vertreter aus allen Klassen treffen sich in der Folge, um die Ergebnisse und das weitere Vorgehen zu besprechen und Vorschläge für ein Verfahren in eine Mitgliederversammlung einzubringen. Der Vorstand und diese Elterngruppe schlagen die Bildung eines neuen Gremiums für Finanzfragen vor, eine sogenannte Wirtschaftskonferenz. Sie besteht aus benannten Eltern aus allen Klassen, Mitgliedern des Vorstandes und des Aufsichtsrates und hat die Aufgabe, die finanzielle Situation der Schule wahrzunehmen und den Vorstand zu beraten. Ab jetzt sollen Mitglieder dieser Konferenz die Elternbeitragsgespräche führen und damit zwei ehemalige Eltern und Aufsichtsräte ablösen, die neben dem geschäftsführenden Vorstand bis dahin hauptsächlich diese Gespräche geführt haben. Die Bildung der Wirtschaftskonferenz wird auf der folgenden Mitgliederversammlung beschlossen. In allen Klassen werden Vertreter für die Konferenz nominiert. Diese trifft sich in der Folge zweiwöchentlich im Wechsel mit der Eltern-Lehrer-Konferenz.

In den ersten Jahren steht für die Wirtschaftskonferenz die Einarbeitung in die finanzielle Situation der Schule im Vordergrund. Jährlich werden die Anpassungen der Elternbeiträge im Rahmen der Inflationsrate beschlossen und durchgeführt. Aus der Analyse der finanziellen Situation beschließt die Wirtschaftskonferenz, eine sogenannte «Strukturgruppe» einzusetzen, die verschiedene Arbeitsgruppen zur Veränderung der bestehenden Strukturen koordiniert, und lädt dazu auch die Lehrer zur Kooperation ein. Da nur ganz wenige

Lehrer in den Arbeitsgruppen mitarbeiten, werden zu bestimmten Themen die betroffenen Lehrer gezielt eingeladen, um deren Sicht zu erfragen. Die vier Arbeitsgruppen bearbeiten die Themen: Haushalt, Elternbeiträge, Therapien, Image der Schule.

Gleichzeitig wird das Kollegium von Vorstand, Aufsichtsrat und Wirtschaftskonferenz gebeten, eine Arbeitsgruppe einzusetzen, die die pädagogische Konzeption prüft und konzeptionelle Veränderungen vorschlagen kann. Von diesen Arbeitsgruppen werden in gewissen Abständen Zwischenergebnisse in der Wirtschaftskonferenz und in der Mitgliederversammlung dargestellt.

Die Arbeitsgruppe Elternbeiträge entwickelt die meisten Aktivitäten, da aufgrund der Analyse der Finanzstruktur und der Gespräche in den Elternabenden ein neues Elternbeitragssystem als unbedingt notwendig erscheint. Es werden Vorschläge dafür ausgearbeitet und schriftliche Unterlagen dazu verteilt, die in verschiedenen Versammlungen und Konferenzen gründlich besprochen werden.

Interessant ist hier die Vorgehensweise, dass nämlich eine Arbeitsgruppe, die aus der Wirtschaftskonferenz entsteht und von dorther ihren Auftrag erhält, in der ganzen Schulgemeinschaft, sowohl im Lehrerkollegium als auch auf den einzelnen Elternabenden, das Gespräch sucht, um daraus ihre Vorschläge zu entwickeln und diese dann wiederum im Gespräch den anderen nahe zu bringen. Dieses mehrstufige Anhörungs- und Beratungsverfahren ermöglicht eine Beteiligung von sehr vielen Menschen, ohne dass die Arbeitsfähigkeit der Gruppe verloren geht. Schließlich wird die neue Elternbeitragsordnung mit großer Mehrheit in einer sehr gut besuchten Mitgliederversammlung angenommen, obwohl damit für eine Reihe von Eltern erhebliche Erhöhungen der Trägerbeiträge verbunden sind.

Die neue Beitragsordnung enthält einen Passus, nach dem die Eltern als Träger der Schule durch eine entsprechende Gestaltung des Elternbeitrages dafür sorgen, dass keine Defizite entstehen. Das bedeutet eine am Bedarf der Schule orientierte Beitragsfestsetzung, während sie bisher durch die Selbsteinschätzung an den Möglichkeiten oder der Zahlungsbereitschaft der Eltern orientiert war. Dies hat weitreichende Folgen, da nun der Haushalt von den Eltern viel bewusster wahrgenommen und kontrolliert werden muss, um eine «leichtfertige» Erhöhung der Beiträge zur Haushaltsdeckung durch den Vorstand zu verhindern. Zu diesem Zweck wird eine «Haushaltsgruppe» aus der Wirtschaftskonferenz gebildet, in die u.a. Steuerberater und Wirtschaftsprüfer aus der Elternschaft als Experten und auch Lehrer gebeten werden; ein ständiges Gespräch zwischen Vorstand, sachkundigen Eltern und Lehrern zu den Haushaltsfragen kann dadurch stattfinden.

Im Zusammenhang mit den erhöhten Aktivitäten der Elternschaft und der Lehrerschaft im Hinblick auf die Schulfinanzen bekommt auch die Eltern-Lehrer-Konferenz Aufschwung. Neue Mitglieder treten ein, neue Themen werden aufgegriffen. Man trifft sich statt bisher zweiwöchentlich sogar wöchentlich, um alternierend zu den allgemeinen Schulfragen an den pädagogischen Grundlagen der Waldorfschule arbeiten zu können.

Gewiss sind damit noch nicht alle Eltern erreicht und aktiv geworden, aber es ist in einer schon etwas erlahmten Schule mit über tausend Kindern und über hundert Mitarbeitern wieder eine neue Bewegung entstanden, die aktiv von Elternseite und Vorstand betrieben worden ist und vom Kollegium konstruktiv aufgegriffen werden konnte. Sie hat der Zusammenarbeit von Eltern und Lehrern in der Schule neue Impulse gegeben.

8. Die rechtliche Beziehung zwischen Eltern und Lehrern

Wenigstens in groben Zügen soll hier auch das rechtliche Verhältnis zwischen Eltern und Lehrern dargestellt werden. Wir haben es bei der Freien Waldorfschule mit einer Besonderheit zu tun, die bei anderen freien Schulen meistens in diesem Maße nicht gegeben ist: der Trägerschaft durch Eltern und Lehrer. Bei der überwiegenden Zahl der Freien Schulen gibt es einen institutionellen Schulträger, z.B. die Kirchen oder kirchliche Schulstiftungen, oder einzelne Persönlichkeiten, die einen Impuls für die Gründung einer Schule haben und dafür etwa einen Trägerverein schaffen.

Der Trägerverein

Vor der Gründung einer Waldorfschule wird meist zuerst ein Kindergarten und ein Trägerverein gegründet. Dieser gibt die rechtliche Form ab, in der Eltern und Kindergärtnerinnen als «Kindergartenträger» zusammenarbeiten. Durch das Prinzip der Selbstverwaltung ist der Verein eigentlich nie etwas neben dem Kindergarten Existierendes, sondern er ist die rechtliche Form, in der sich die Zusammenarbeit zum Aufbau und zum Betrieb des Kindergartens bzw. später der Schule abspielt.

Die Genossenschaft: eine Solidargemeinschaft

Einen besonderen Ausdruck findet dies in der Rechtsform der Genossenschaft, die einige Freie Waldorfschulen gewählt haben.[13] Der Grundgedanke der Genossenschaft ist, dass sich die Beteiligten zu einer Solidargemeinschaft zusammenschließen, um gemeinsam ein bestimmtes Ziel zu verfolgen. In der Genossenschaft wird dies von vornherein rechtlich verbindlich festgelegt und auch dadurch zum Ausdruck gebracht, dass jedes Mitglied sich mit bestimmten Kapitalanteilen an der Genossenschaft beteiligt und zudem noch eine Haftung in der Regel in Höhe dieser

Kapitalanteile übernimmt. Damit sind alle Mitglieder der Genossenschaft – hier die Eltern und Lehrer einer Waldorfschule – in gewissem Sinne Unternehmer bzw. Gesellschafter ihres genossenschaftlichen «Unternehmens».

Durch die aktive Übernahme der Rolle der «Schulträger» haben die Eltern von vornherein in der Waldorfschule eine stärkere Position als an anderen Schulen, wie oben schon dargestellt. Sind es doch meistens Mütter oder Väter und keine oder nur sehr wenige Lehrer, die jahrelang verantwortlich die Schulgründung vorbereiten, die ersten Lehrer einstellen, Finanzgespräche führen usw. In manchen Satzungen von Vereinen oder Genossenschaften wird diesem Umstand Rechnung getragen und die Rolle sowohl der Elternschaft als auch des Lehrerkollegiums so definiert, dass sie als Organe mit bestimmten Rechten und Pflichten tätig werden können. So finden wir neben den satzungsmäßigen Mindestanforderungen an einen Verein, nämlich Vorstand und Mitgliederversammlung zu bilden und bei der Genossenschaft noch dazu einen Aufsichtsrat zu bestimmen, in den Waldorfschulen noch weitere satzungsmäßig festgelegte Gremien.

Elternvertretung und Schulparlament

In den allermeisten Waldorfschulen arbeitet eine Eltern-Lehrer-Konferenz, ein Eltern-Lehrer-Kreis, ein Elternrat oder eine anders bezeichnete *Elternvertretung,* in der die Väter und Mütter aktiv das Schulleben wahrnehmen, mitberaten und in gewissen Bereichen auch mitbestimmen können. Hier findet jede Schule ihre eigene Form, die sich im Laufe der Schulbiographie auch immer wieder mit den veränderten Lebensbedingungen und den anderen Menschen, die die Aufgaben ausfüllen, verwandelt.

In manchen Waldorfschulen gibt es die Form des *Schulparlamentes,* in dem gewählte Eltern-, Lehrer- und Schülervertreter die Grundsatzfragen der Schule nach demokratischen Spielregeln behandeln und entscheiden. Es tagt normalerweise öffentlich. Dies kommt von der äußeren Form her der Schulkonferenz der staatlichen Schulen in Baden-Württemberg sehr nahe.

Die bereits besprochenen *Arbeitskreise,* Mandatsgruppen oder Delegationen bearbeiten jeweils ein bestimmtes Sachgebiet verantwortlich, entweder vorbereitend bis zur Entscheidung durch die zuständigen Gremien oder aber mit eigener Entscheidungskompetenz, wobei den anderen Gremien Anhörungsrechte eingeräumt werden. Auch wenn dies in der Satzung häufig nicht verankert ist: die Aufgabenverteilungen sind rechtlich bis hin zu Haftungsfragen wirksam; sie sollten daher unbedingt in schriftlichen Vereinbarungen festgehalten werden. Weiterhin halte ich es im Hinblick auf die allgemeine Durchschaubarkeit der Vorgänge für unbedingt notwendig, dass sich die einzelnen Mandatsgruppen oder Delegationen Geschäftsordnungen geben, die die Verfahrenswege beschreiben. Sind diese bekannt und nachvollziehbar, entsteht in der Gemeinschaft Sicherheit und Vertrauen. Dazu sollten die Geschäftsordnungen schulintern veröffentlicht werden.

Geschäftsordnungen für Arbeitskreise

Eine besonders schwierige rechtliche Stellung hat der *Vorstand* als Leitungsorgan. Bei Vereinsvorständen handelt es sich in der Regel um ehrenamtliche Gremien, die häufig überwiegend von Eltern besetzt sind. Als rechtliche Vertreter des Schulträgers nehmen sie offiziell die Arbeitgeberfunktion und die Aufgabe der rechtlichen Vertretung nach außen wahr, auch wenn die gerade beschriebene Mandatsorganisation die Verantwortung auf viele Schultern verteilt. De jure bleibt aber der Vorstand in vielen Fällen – vor allen Dingen, wenn die Übertragung von Verantwortung seitens des Vorstandes auf Mandatsgruppen nicht eindeutig geklärt und schriftlich fixiert ist – rechtlich verantwortlich und damit persönlich haftbar für Schäden, die dem Verein oder Dritten durch grob fahrlässige, aber auch schon durch fahrlässige Handlungen entstehen.

Der Vorstand als Leitungsorgan

Vielen gutmeinenden Eltern, die sich auf einer Mitgliederversammlung in den Vereinsvorstand wählen lassen, ist nicht bewusst, dass sie sich damit für die Leitung eines mittleren Unternehmens zur Verfügung stellen und mit der Annahme der Wahl auch ihre Eignung für diese Aufgabe kundtun. Das ist anders als bei der Einstellung eines Geschäftsführers, für dessen Eignung die einstellenden Vorstände verantwortlich sind. Dementsprechend haftet auch jedes Vorstandsmitglied für etwaiges Fehlverhalten selbst.

Gerade die Haftungsfragen werden in vielen Waldorfschulen nur wenig beachtet. Deswegen gibt es keine oder nur wenige verbindliche rechtliche Vereinbarungen darüber, so dass meistens die gesamte Verantwortung und Haftung auf den Vorstand zurückfällt. Je mehr sich einzelne Eltern in ihrer Vorstandsrolle dieser Situation bewusst werden, desto mehr werden sie versuchen, die Entscheidungen nicht mehr nur dem Lehrerkollegium zu überlassen, sondern sie so mitzugestalten, dass sie sie auch verantworten können.

Wer haftet?

Ein klassisches Konfliktfeld ist oft die Einstellung und Entlassung von Lehrern. Wie weit können Elternvorstände hier verantwortlich mitbestimmen? Da sowohl Verträge als auch Kündigungen von den Vorständen als rechtlichen Vertretern des Schulträgers unterschrieben (und damit auch verantwortet) werden müssen, sind hier eine klare Aufgabenbeschreibung und Verfahrensgestaltung innerhalb der Schule notwendig. Viele Lehrerkollegien in Waldorfschulen halten die Zu- und Abwahl von Lehrern jedoch für eine Aufgabe, die ausschließlich in ihre Kompetenz fällt, um Fremdbestimmungen «von außen» zu verhindern. Was die fachliche Beurteilung von Bewerbern angeht, mag die Argumentation plausibel sein – wenngleich es auch Eltern gibt, die dazu in der Lage sind –, sie ist aber nicht mehr haltbar, wenn es um rechtsverbindliche Entscheidungen wie die Anstellung oder Kündigung eines Lehrers geht. Denn dort muss der Vorstand kraft seiner Funktion tätig werden und haftet auch dafür. Insofern ist hier eine Kooperation zwischen Vorstand und Kollegium dringend erforderlich.

Mitbestimmung bei Lehrereinstellungen?

Manche Schulen haben hier lebensnahe und gut praktizierbare Formen der Einbeziehung der Elternvorstände in die Bewerbungs- bzw. Kündigungsverfahren gefunden, die eine konstruktive Zusammenarbeit ermöglichen und den Vorständen gestatten, ihre Unterschrift auch aufgrund selbst gefundener Urteile und selbst verantworteter Entscheidungen zu geben. Einige Schulen haben die Personalentscheidungen auch an eine aus Vorstand und Schulführungskonferenz besetzte Mandatsgruppe übergeben, für die die Schulführungskonferenz als Ganzes nur noch beratende Funktion hat.

Delegation von Leitungsaufgaben

In manchen Schulen ist die gesamte «Leitungsarbeit» des Vorstandes an verschiedene Arbeitskreise delegiert, die diese Aufgaben selbstverantwortlich durchführen, so dass der Vorstand nur noch ein Koordinationsorgan ist, in dem Vertreter aller wichtigen Arbeitsgruppen zusammenarbeiten. Bei solchen Formen kommt es sehr darauf an, dass für die einzelnen Arbeitsgruppen die Aufgaben und Kompetenzen bis in schriftliche Abmachungen hinein geklärt sind, ebenso die Entscheidungsverfahren sowie die Zu- und Abwahl von Mitgliedern solcher Arbeitsgruppen. Sonst besteht die Gefahr, dass zwar eine begeisterte Pioniergeneration diese Arbeitsform recht gut mit Leben erfüllen kann, nachfolgende Eltern- und Lehrergenerationen aber zu wenig verbindlich definierte Vereinbarungen vorfinden, um sie lebensgemäß weiterzuentwickeln. Häufig kommt es dann neben solchen Mandatskreisen zu informellen Entscheidungsstrukturen, die das Ganze weiter funktionieren lassen, auch wenn die alten Formen eigentlich nicht mehr tragen.

Schiedsverfahren

Für ein sehr wesentliches Organ im Rechtsleben einer Freien Waldorfschule halte ich eine «Beschwerdeinstanz», eine «Schiedskommission» oder ein «Schiedsgericht».[14]
Da Konflikte in Gemeinschaften unvermeidlich und, wie wir gesehen haben, in Schulen besonders häufig sind, sollte jede Schule sich solch eine Instanz schaffen; hier können Kritik

und Klagen geäußert werden, denen dann auch nachgegangen wird. Weiterhin sollten aber auch für Streitigkeiten und Konfliktfälle Formen und Verfahren vorgegeben sein, wie man zu einer internen Bearbeitung, Schlichtung oder Lösung des Konfliktes kommen kann. Es bietet sich an, das Schiedsverfahren in die Satzung aufzunehmen.

Ein weiterer wichtiger Punkt, der rechtlich verbindlich geregelt werden sollte, ist die Frage nach der Haftung bei eventuellen Defiziten im Schulhaushalt. Gerade in Zeiten vermehrter Mittelkürzungen werden auch an deutschen Waldorfschulen zunehmend Situationen auftreten, wie sie ausländische Waldorfschulen – auch in Österreich, der Schweiz, in Italien, Frankreich oder Luxemburg – schon seit jeher haben, weil sie ohne oder mit ganz geringen staatlichen Zuschüssen existieren müssen. Wenn eine Schule in einem Schuljahr ihre Kosten nicht voll durch die Einnahmen decken kann, bleibt ein ungedeckter Rest als Defizit, und es entsteht immer die Frage, wer dieses Defizit zu tragen hat.

Wer trägt Haushaltsdefizite?

Es gibt zwei pragmatische Grundmuster, die entweder einzeln oder kombiniert gehandhabt werden, ohne dass dafür in den meisten Fällen eine klare rechtliche Regelung vorhanden ist. Die eine Lösung sieht vor, die Lehrergehälter entsprechend zu kürzen, also z.B. kein dreizehntes Gehalt mehr auszuzahlen, keine Inflationsanpassung der Gehälter mehr vorzunehmen oder sogar eine prozentuale Kürzung aller Gehälter durchzuführen. Dies kann je nach Situation des einzelnen Kollegiums zu erheblichen Konflikten mit dem Vorstand führen. Der andere Ausweg ist die Abwälzung des Defizits auf die Eltern, die dann eine entsprechende Nachzahlung für das abgelaufene Schuljahr zu leisten haben, damit das Haushaltsloch gestopft werden kann. Auch hier ergeben sich häufig erhebliche Probleme der Durchsetzbarkeit. Außerdem besteht dabei immer die Gefahr einer größeren Zahl von Abmeldungen.

Die Trägerschaft der Waldorfschulen durch Eltern und Lehrer, kombiniert mit der speziellen Form der Selbstverwaltung, birgt so viele Besonderheiten in sich, dass die normale Rechtsprechung in der

Regel nicht die geeigneten Antworten darauf hat. Deshalb ist es unbedingt notwendig, verbindliche Festlegungen innerhalb des Vereins oder der Genossenschaft zu treffen; nur so können klare Rechtsverhältnisse für die Durchführung eigener Sozialformen geschaffen werden, für die es in der allgemeinen Rechtsprechung noch keine hinreichenden Beispiele gibt. Das deutsche Vereinsrecht und das deutsche Genossenschaftsrecht eröffnen sehr viele Handlungsspielräume, um neue soziale Gestaltungen und neue Formen der Zusammenarbeit auszuprobieren, die jedoch geregelt werden müssen.

Klare Rechtsverhältnisse schaffen

Demgegenüber findet man verständlicherweise immer wieder eine gewisse Angst, noch nicht vollständig ausgereifte Gestaltungen in rechtlich verbindliche Formen zu fassen. Deshalb gehört zu den rechtlichen Vereinbarungen auch unbedingt eine Regelung, die festlegt, wie diese Gestaltungen in praktikabler Weise auch wieder geändert werden können. Es bietet sich z.B. an, sie nur befristet, etwa für drei Jahre, zu vereinbaren. Sie müssen dann nach diesem Zeitraum entweder verändert oder bewusst noch einmal bestätigt werden. So lassen sich Beständigkeit, Verfahrenssicherheit und Wandel in einem Prozess der Weiterentwicklung lebensgemäßer Formen verbinden.

9. Lernfeld Kommunikation

Zum sozialen Leben einer Waldorfschule gehört die intensive gemeinsame Arbeit der Eltern und Lehrer an pädagogischen Fragen und an Aspekten der Selbstverwaltung in der Klasse und der Schule. Alle Beteiligten sind damit auch in der Kommunikation mit unterschiedlichsten Menschen aus unterschiedlichen sozialen Umfeldern gefordert. Das weite soziale Spektrum ist natürlich auch in anderen Schulen vorhanden, kommt dort aber nicht so stark zum Tragen, weil die Zusammenarbeit nicht so häufig und intensiv ist.

Verstehen wir den anderen?

Kommunikation ist heute zur allgemeinen Fragestellung geworden. Überall wird entdeckt, dass wir zwar ein Grundbedürfnis in uns tragen, verstanden zu werden, in der Realität uns aber meist nicht verstehen und aneinander vorbeireden. So haben wir oft nur die Illusion, den anderen zu verstehen, in Wirklichkeit verstehen wir doch nur das, was wir selbst verstehen wollen und können. Woran liegt das?

Als weitere Fragen kommen hinzu: Verstehen wir uns eigentlich selbst? Kennen wir unsere Kommunikationshemmnisse und unseren eigenen Kommunikationsstil? Suchen wir in der Kommunikation in erster Linie Bestätigung, oder wollen wir eine Beziehung zum anderen aufbauen und vertiefen?

Unser Verständnis der Botschaften, die andere uns geben, ist von unseren Kommunikationsgewohnheiten geprägt; dadurch können laufend Missverständnisse entstehen.[15] So wachsen z.B. Jungen und Mädchen in unterschiedlichen Kommunikationskulturen auf, in denen jeweils andere Gesetzmäßigkeiten gelten. Diese bestimmen dann das Kommunikationsverhalten der Erwachsenen als Frauen oder Männer, das damit auch geschlechtsspezifisch geprägt ist. Für Männer ist das Gespräch oft von Konkurrenz und Durchsetzung bestimmt, für Frauen vor allem davon, eine Beziehung herzustellen, zu bestätigen oder zu vertiefen.

Wenn wir mit diesem Verständnis auf die Kommunikationsprozesse in der Schule blicken, können wir manche Verständigungsschwierigkeiten besser einordnen und müssen die Gründe dafür nicht nur in der jeweiligen Person suchen. Auch in unseren Arbeitszusammenhängen nehmen wir Mitteilungen normalerweise ganz selbstverständlich aus unseren verschieden geprägten Kommunikationsgewohnheiten heraus auf, verstehen und reagieren entsprechend und bemerken in der Regel gar nicht, wie verschieden diese Gewohnheiten von denen unserer Gesprächspartner sind.[16]

Unterschiedliche Kommunikationsgewohnheiten

So haben wir es im Alltag häufig mit «typischen» Kommunikationsproblemen zu tun. Es macht z.B. einen Unterschied, ob ich sage «Sie reden zu viel» oder «Ich finde, dass Sie in unserem Gespräch zu viel geredet haben». Im ersten Fall äußere ich mich über den anderen in Form einer allgemein gültigen Aussage, die den anderen bewertet, im zweiten Fall mache ich eine Aussage über mich und mein Verhältnis zum anderen, meine Bewertung des Verhaltens des anderen. So unscheinbar der Unterschied klingen mag, er ist doch von großer Bedeutung für die Kommunikation zwischen Menschen. Im Gegensatz zur ersten Aussage, bei der sich mein Gegenüber generell beurteilt vorkommen muss, hat er im zweiten Fall die Möglichkeit, diese Bewertung mir individuell zuzuordnen und sie damit zu relativieren und zu hinterfragen. Die erste Art nennt man «Du-Botschaften», die zweite Art «Ich-Botschaften». Ein nächster Schritt könnte sein, dass ich mit meiner Beurteilung gleich auch meine Wertmaßstäbe mitteile, warum ich das Verhalten des anderen so oder so beurteile.

«Ich-» und «Du-Botschaften»

Ein weiteres Phänomen ist, dass wir das uns Bekannte besser und schneller wahrnehmen als Unbekanntes, Fremdes. So besteht die

Gefahr, dass wir in den Aussagen des anderen vor allem dieses Bekannte wiedererkennen und verstehen und damit glauben, seine Botschaft schon richtig verstanden zu haben. Oft will er aber etwas anderes damit ausdrücken, weil er seine Aussagen aus einem anderen Erfahrungshintergrund heraus, einem anderen Lebensumfeld heraus macht. So bauen sich laufend Missverständnisse auf, die oft erst zu ganz anderen Gelegenheiten offenbar werden. Bei aufmerksamem Beobachten von Kommunikationsprozessen kann man bemerken, dass dieses Phänomen sehr häufig auftritt.

Wie lassen sich Missverständnisse vermeiden?

Wie ist dies aber zu vermeiden? Ein Ansatz dafür wäre, dass es zu einem wirklichen Gespräch kommt. Bei vielen sogenannten Gespräche werden nämlich bloß die jeweils eigenen Meinungen hingestellt. So kann man sich über längere Zeit unterhalten, ohne dass eine Veränderung der eigenen Meinung nötig wird. Zu einem richtigen Gespräch gehört dagegen, dass ich mich durch Rückfragen vergewissern kann, ob ich den anderen richtig verstanden habe, dass wir gemeinsam herausfinden, ob wir mit den verwendeten Begriffen das Gleiche meinen und ob wir die Gedanken des anderen auch wirklich nachvollziehen konnten.

Sehr verbreitet ist auch die «indirekte» Kommunikation, bei der ich etwas mitteilen will, es aber nicht direkt anspreche, sondern verschlüsselt. Ein Beispiel: Eine Frau fragt ihren Mann: «Hast du Hunger?», meint damit aber eigentlich: «Ich habe Hunger. Soll ich etwas für uns kochen?» Sie ist deshalb enttäuscht, wenn ihr Mann antwortet, er habe keinen Hunger, und wird vielleicht sogar ärgerlich darüber – was dann der Mann nicht verstehen kann, da er doch wahrheitsgemäß geantwortet und sie damit nicht angegriffen hat. Für dieses Verhalten lassen sich viele Beispiele finden. Hier bewegt es sich noch auf der verbalen Ebene: Es wird etwas in Worten ausgesprochen, was aber nicht direkt das aussagt, was eigentlich gemeint ist.

Eine weitere Spielart der indirekten Kommunikation ist die verbreitete Art, Probleme ohne persönlichen Bezug und ohne Namensnennung anzusprechen. Zum Beispiel sagt ein Vater auf der Mitgliederversammlung: «Im Kollegium gibt es Lehrer, die ausdrücklich zu einer Zusammenarbeit mit uns Eltern nicht bereit sind!» Er meint damit zwar nur einen ganz bestimmten Lehrer, glaubt aber, aus Rücksichtnahme auf die Person, vielleicht auch aus Angst vor Sanktionen, die Botschaft durch Verallgemeinerung verschlüsseln zu müssen. Der nicht beabsichtigte Effekt dieser Aussage ist jedoch, dass dadurch bei den Zuhörern die verschiedensten Vermutungen angeregt werden, wie viele und welche Lehrer dies sein könnten. Letztlich kommen damit bis auf wenige Personen, von denen man so etwas niemals annehmen würde, alle anderen in diesen Verdacht. Je nach Situation kann es auch noch weiter gehende Spekulationen und Gerüchte auslösen. Der Vater will den von ihm gemeinten Lehrer schützen, setzt damit aber viele andere diesem Verdacht aus und provoziert Mutmaßungen und Verdächtigungen «Unschuldiger». Die Aussage wird durch die Verallgemeinerung zur Unwahrheit, zur Lüge.

Indirekte Kommunikation

Solche Situationen finden wir recht häufig, so dass ich dringend rate, jedes Mal «Ross und Reiter» wirklich zu nennen und die konkreten Anlässe zu schildern, weil sonst neben dem oben schon Gesagten zusätzlich auch der Betroffene keine Gelegenheit bekommt, sich mit dieser Kritik persönlich auseinander zu setzen. Außerdem wird dann sorgfältiger abgewogen, bevor etwas ausgesprochen wird. Diese Form der direkten Kommunikation muss jedoch gemeinsam vereinbart und geübt werden, weil sie sonst als persönlicher Angriff missverstanden werden könnte und die Gefahr bestünde, dass sie ungeschickt oder einseitig eingesetzt wird.

«Ross und Reiter» nennen

Ein weiter Bereich der indirekten Kommunikation liegt auf der nonverbalen Ebene: wenn durch Mimik, Gestik und Tonfall dem Gesagten noch eine weitere oder andere Bedeutung unterlegt wird, als der Sinninhalt der Worte aussagt. Dies geschieht ebenfalls überall dort, wo mit Ironie oder Sarkasmus gearbeitet wird. Auch der Witz bzw. das «Witzeln über etwas» kann ähnliche Funktion haben: Es wird etwas ins Lächerliche gezogen, was aber eigentlich ernst gemeint ist, z.B. um es damit überhaupt aussprechbar zu machen.

Die indirekte Kommunikation verläuft meist unbewusst oder halb bewusst und ist sehr stark von der jeweiligen Kultur eines Kontinentes, eines Landes, einer Region, einer Gegend, einer gesellschaftlichen Schicht bis hin zu speziellen Kommunikationsformen innerhalb einer Familie geprägt. Ganz besonders deutlich werden spezielle Kommunikationsformen in den «Geheimsprachen» gewisser «Szenen» oder Gruppen, etwa der Jugendsprache, aber auch der Sprache in der Drogenszene, bei Verständigungen innerhalb krimineller Verbindungen usw. Viele Gruppierungen entwickeln mit der Zeit eine eigene Sprache, einen eigenen Jargon.

Die Gefahr der «Insider-Sprache»

Auch die «Anthroposophen» und die Waldorfbewegung, insbesondere die Lehrerkollegien, sind in der Gefahr, eine eigene «Insider-Sprache» zu entwickeln, z.B. anhand der Begrifflichkeit aus der Menschenkunde Rudolf Steiners. Hier hat Steiner sowohl Begriffe neu geprägt als auch bestimmten gängigen Begriffen eine spezielle, aus der menschenkundlichen Forschung abgeleitete Bedeutung gegeben, die in der Umgangssprache so nicht üblich ist. Wer sich mit dieser Terminologie länger beschäftigt hat, wird sie wie selbstverständlich benutzen und es in der Regel nicht bemerken, wenn seine Gesprächspartner nicht über die gleiche Begrifflichkeit verfügen. Auch hier treten vielfältige Möglichkeiten für Missverständnisse auf, insbesondere wenn z.B. auf Elternabenden der gedankliche Bezugsrahmen, in dem die Begriffe verwendet werden, nicht explizit angesprochen, sondern einfach vorausgesetzt wird.

Es wird deutlich, dass für eine fruchtbare Kommunikation im Alltag ein waches, bewusstes Wahrnehmen des anderen auf der verbalen wie der nonverbalen Ebene die Voraussetzung und die Grundlage bildet. Dies trifft besonders auf den Bereich Schule zu.

Denn hier erfolgt durch den Unterricht eine ständige Kommunikation zwischen Schülern und Lehrern, in die die Eltern mehr oder minder direkt eingebunden sind; hier findet eine Begegnung zwischen Eltern und Lehrern statt, die von den vielfältigen, meist unausgesprochenen gegenseitigen Erwartungen, Vorbehalten und Befürchtungen begleitet ist; und natürlich gibt es auch vielfältige Kommunikationsbeziehungen unter den Schülern.

Insofern sollten Fragen der Kommunikation, deren Grundphänomene, Gesetzmäßigkeiten und Möglichkeiten in jeder Schule zwischen allen Beteiligten thematisiert und besprochen werden. Hilfreich ist es, wenn Eltern, Lehrer und auch die Schüler ihre Kommunikationsfähigkeiten durch gezielte Übungen verbessern, d.h. genauer wahrnehmen und zuhören lernen sowie sich klarer und verständlicher ausdrücken lernen. Es gibt dafür eine Reihe einfacher Übungen, die man in jedem Gespräch und in der Arbeit von Arbeitsgruppen oder Gremien anwenden kann. Es empfiehlt sich, gewisse Grundlagen unter fachkundiger Anleitung seminaristisch zu erarbeiten, z.B. an einem Wochenende oder an einem Seminartag, und diese Übungen dann in der täglichen Praxis anzuwenden.

Kommunikationsfähigkeiten durch Übungen verbessern

Ebenso kann es helfen, in gewissen Abständen durch eine Supervision sich das eigene Kommunikationsverhalten spiegeln zu lassen. Weiterhin gibt es z.B. in der Schulbegleitung für Waldorfschulen Ansätze zur Intervision, die das Lernen durch systematische Selbstreflexion des Gesprächsprozesses zwischen den jeweiligen Partnern oder in der eigenen Gruppe ermöglichen.

Supervision

10. Welche Rollen- und Verhaltensmuster prägen die Begegnung von Eltern und Lehrern?

Es ist für das Arbeiten in Gruppenzusammenhängen hilfreich, ja eigentlich unerlässlich, sich auch mit den Erkenntnissen zur Gruppendynamik vertraut zu machen. Ein wesentliches Element der Gruppendynamik ist das Agieren in bestimmten Rollen. Oft nehmen Menschen innerhalb einer Gemeinschaft spezifische Rollen ein – ob sie nun aufgrund einer bestimmten Funktion diese Rolle ausfüllen, ob sie sich die Rolle ausgesucht haben oder in sie gedrängt worden sind. Zugleich besteht damit die Tendenz, dass das Verhalten der betreffenden Person nach einem mehr oder weniger festen, typischen Schema abläuft und sich innerhalb des Gruppenzusammenhangs «Rollenspiele» entwickeln. Jede dieser Rollen bedingt eine bestimmte Art der Kommunikation in der Gruppe, d.h. ein bestimmtes verbales, aber auch ein rollentypisches nonverbales Verhalten. So wird der «Aufpeitscher» nicht nur inhaltlich etwas anderes äußern als der «Skeptiker», er wird auch in Stimmführung, Tonlage, Gestik, Blickkontakt usw. in typischer Weise anders auftreten.

Unterschiedliches Rollenverhalten

In jeder Gemeinschaft bilden sich bestimmte Rollen aufgrund verschiedener Aufgaben und auch verschiedener Fähigkeiten heraus. Betrachten wir die Urform jeder Gemeinschaft, die Familie, so finden wir dort klar definierte Rollen: Mutter, Vater, Kind. Es liegt auf der Hand, dass die Mutter- und die Vaterrolle durch das Kind verursacht werden. Eine Rolle definiert sich also durch eine bestimmte Beziehung zwischen Menschen. Dabei ist es zunächst einmal unwesentlich, ob die Vater- oder Mutterrolle auf einer leiblichen Elternschaft beruht oder als Rolle durch die tatsächliche Beziehung gelebt wird. Weiterhin können wir feststellen, dass sich an jede Rolle gewisse Erwartungen anderer Menschen knüpfen. So sind z.B. mit der Elternrolle bestimmte gesellschaftlich definierte Rechte und Pflichten sowohl der Eltern als auch des Kindes verknüpft.

Gerade die Erwartungen an den Träger einer Rolle sind ein sehr wichtiges Element im sozialen Leben. Daraus resultieren vielfältige positive Effekte, beispielsweise Bestätigungen und Handlungsspielräume, sie haben aber auch negative Auswirkungen, wie Enttäuschungen, Kritik, Tadel bis hin zum tatsächlichen Rollenverlust, obwohl der Betreffende formal die Rolle noch inne hat.

Rollenverwertungen

Wenn die Rollen zwischen den Beteiligten nicht genug geklärt sind – der eine vielleicht nicht deutlich weiß, welche Rolle ihm zugeschrieben wird oder was in ihr von ihm erwartet wird, der andere sich etwa durch ein bestimmtes ihm entgegengebrachtes Verhalten in eine Rolle gedrängt sieht, die er überhaupt nicht annehmen will –, führt das zu Irritationen, Missverständnissen, Enttäuschungen, Konflikten. Gerade das Zusammenleben in der Schule ist stark von solchen Rollenbeziehungen geprägt, im Verhältnis zwischen Lehrern und Schülern wie in der Begegnung von Eltern und Lehrern. Es gilt also, wach zu werden für die tatsächlichen, vermuteten, zugeschriebenen, unbewusst ausgeübten oder angenommenen Rollen.

Da in unsere zwischenmenschlichen Beziehungen viele unbewusste Prägungen mit hineinspielen, soll hier noch eine Art unbewusster Rollenprägung angesprochen werden, die aus der frühkindlichen Sozialisation stammt. Die Transaktionsanalyse, eine bestimmte Richtung der Psychologie,[17] geht von drei grundlegenden Rollen im Leben des Menschen aus – der Kindrolle, der Elternrolle und der Erwachsenenrolle –, die jeweils durch ganz bestimmte Verhaltensweisen und Rollenerwartungen gekennzeichnet sind. Wir alle tragen sie mehr oder weniger, bewusster oder unbewusster in uns. Dadurch werden viele unserer Einstellungen, Erwartungen,

Verhaltensweisen, Normen usw. beeinflusst, ohne dass wir dies im Bewusstsein haben.

Die Grunderfahrungen der *Kindrolle* wird in der Transaktionsanalyse mit dem Empfinden gekennzeichnet: «Ich bin nicht okay.»[18] Das beschreibt die Situation: «Die Eltern haben immer Recht, ich als Kind bin im Unrecht. Ich mache viele Fehler und werde deshalb von den Eltern bestraft. Die Eltern können die Dinge besser als ich. Sie haben Macht über mich. Ich bin Verlierer.» Diese Grunderfahrung schlummert in den Tiefen vieler Seelen auch erwachsener Menschen, bleibt unbewusst, wirkt aber doch – teilweise sehr stark – in das tägliche Leben hinein.

Kind-, Eltern- und Erwachsenenrolle

Demgegenüber wird die *Elternrolle* von Thomas Harris so definiert: «Ich bin okay.» Damit verbunden ist das Gefühl: «Ich weiß, wie es geht. Ich beherrsche die Situation. Der andere muss mir gehorchen. Ich bin überlegen, dominant. Der andere hat gar keine Chance gegen mich. Ich bin Sieger.» Auch diese Empfindungen finden sich in den Tiefen fast jeder Menschenseele, auch bei Menschen, die selbst keine Kinder haben, da sie als Kind diese Rolle bei den Erwachsenen erlebt und sich damit identifiziert haben. Gerade in seinen Verlierergefühlen wünscht sich das Kind, die Macht der Eltern zu haben, und entwickelt entsprechende Machtphantasien.

Bei sorgfältiger Selbstbeobachtung wird jeder Mensch einzelne Elemente der mit diesen Rollen verbundenen Empfindungen in sich entdecken können. Sie haben vielfältige Konsequenzen in unserem täglichen Leben. Weil durch jede Situation bestimmte Erinnerungen dieser Art in uns angesprochen werden, fühlen wir uns manchen Menschen gegenüber oder in bestimmten Situationen stark und überlegen, anderen gegenüber schwach und hilflos.

Eine dritte Grundrolle ist die *Erwachsenenrolle*. Sie unterscheidet sich von den beiden anderen dadurch, dass sie nicht durch eine Grundstimmung von «Ich bin okay» oder «Ich bin nicht okay» bestimmt ist, sondern aus dem wachen Selbstbewusstsein heraus die eigenen Stärken und Schwächen erkennt, realistisch einschätzen lernt und in der Folge damit umzugehen vermag. Der Erwachsene kann jede Situation prüfen und sich selbst in ein bewusstes Verhältnis dazu setzen. So wird er realistisch einschätzen lernen, wo er selbst unterlegen oder überlegen ist, und sich entsprechend verhalten. Er emanzipiert sich also von seiner aus Kindheitstagen verinnerlichten Kindrolle und der Elternrolle und setzt sich jeweils aktuell und situationsbezogen in ein realistisches Verhältnis zu seiner Umwelt.

Gelingt es, diese unbewusst wirkenden Rollen und die damit verbundenen Verhaltensmuster wahrzunehmen und einer bewussten Bearbeitung zugänglich zu machen, kann man verschiedene auf diesen Mustern beruhende «Spiele der Erwachsenen»[19] vermeiden.

Berufsrollen

Neben diesen «Grundrollen» gibt es in unserer arbeitsteiligen Gesellschaft viele ausgeprägte Berufs- oder Funktionsrollen. Mit ihnen sind in der Regel bestimmte Verhaltensmuster verbunden. So kann man z.B. den «typischen Vertreter» an spezifischen Verhaltensweisen erkennen, ebenso den «typischen Pfarrer», den «typischen Akademiker», den «typischen Handwerker» – und auch den «typischen Lehrer».

Der Lehrer ist durch seinen Beruf in ganz bestimmter Weise geprägt – wenn es auch selbstverständlich Ausnahmen gibt. Normalerweise befindet er sich in der Situation, dass er einen Wissensvorsprung hat und dieses Mehrwissen anderen vermitteln will und soll. Dazu bedient er sich verschiedener Methoden, wobei häufig die verbale Darstellung im Vordergrund steht, die dem anderen vermitteln soll, was «richtig» ist. Dies hat leicht zur Folge, dass in die Gewohnheiten, in den Habitus des Unterrichtenden eine bestimmte Art des belehrenden Verhaltens aus einer Position des Besser-Wissens übergehen kann. Manche Vertreter anderer Berufe, die als Experten und Spezialisten ebenfalls ein Mehrwissen gegenüber ihren Klienten haben, empfinden es dann folgerichtig als problematisch, wenn ihr Expertenwissen von Lehrern nicht anerkannt wird, sondern sie selbst belehrt werden, wie es eigentlich richtig zu sein hat.

Ein weiteres berufsgeprägtes Rollenverhalten von Lehrern wird dadurch bewirkt, dass sie es als Erwachsene mit Kindern oder Jugendlichen zu tun haben, vor denen sie nicht nur einen Wissensvorsprung besitzen, sondern die auch noch per Institution Schule und durch die Rollenverteilung gezwungen sind, ihnen zuzuhören, und die von ihrer Beurteilung abhängig sind. Dadurch ergibt sich eine funktionale Dominanz, eine Autorität, an die die Lehrer sich so gewöhnen können, dass sie diese dann auch gegenüber anderen Menschen wie selbstverständlich für sich beanspruchen.

Gerade im Umgang mit Eltern kann solch ein Verhalten zu erheblichen Problemen führen – vor allem deshalb, weil sich diese auf einmal wieder in die Schülerrolle gedrängt sehen. Den Lehrern sind solche Verhaltensweisen meist überhaupt nicht bewusst, so dass ihnen bestimmte dadurch hervorgerufene Abwehrreaktionen der Eltern völlig unverständlich sind. Ihrer Einschätzung nach haben sie sich ja «völlig normal» verhalten und schreiben daher die «anormale» Reaktion den Eltern zu.

Rollenverhalten von Lehrern

Zusammen mit der Tätigkeit des ständigen Beurteilens von Lernleistungen, aber auch des Verhaltens von Schülern, ist das Entdecken von Fehlern, deren Offenlegung und Korrektur eine berufsbedingte Tätigkeit der Lehrer. Auch dies kann in die Gewohnheiten des Betreffenden eingehen. So wird man häufig finden können, dass Lehrer Fehler in ihrer Umgebung nur schwer zu ertragen vermögen und sich zur Korrektur derselben auch unaufgefordert veranlasst sehen – ein Verhalten, das Lehrer in der Erwachsenenwelt nicht unbedingt beliebt macht, da das Gegenüber diese Situation nur allzu gut aus seiner eigenen Schulzeit kennt und als Übergriff empfindet.

Vielen Lehrern sind die Gefahren ihres Berufes aber bewusst, und sie versuchen, an diesen Verhaltensweisen zu arbeiten und sie zu ändern. Und für Eltern, die ja durch die Schulzeit ihrer Kinder hindurch oft mit Lehrern zu tun haben, gilt es, sich diese speziellen, berufsbedingten Verhaltensmuster klarzumachen. Dann müssen sie den Lehrern ein solches Auftreten nicht vorwerfen, sondern können verständnisvoll damit umgehen und fallen selbst nicht in die «alte Schülerrolle» zurück.

Aber auch Eltern unterliegen bestimmten Gefahren im Umgang mit Lehrern, die aus ihrer eigenen Schulzeit herrühren. Viele erwarten von einem Lehrer, dass er auf ihre Frage eine Antwort weiß, die Dinge durchschaut und erklären kann, dass er als Persönlichkeit überlegen und souverän ist usw. Damit wird er auch von den Eltern in eine lehrertypische Rolle gedrängt und muss aufpassen, nicht in diese «Falle» zu tappen. Oder sie sind von vornherein innerlich verunsichert, wenn sie es mit Lehrern zu tun haben, was aus – oft tief verborgenen – Unterlegenheitsgefühlen oder Verletzungen herrührt, die sie im Laufe ihres Lebens durch Lehrer erfahren haben. Sie ziehen sich daher zurück und schieben dem Lehrer die aktive Rolle zu. Ein solches Verhalten gibt diesem wieder eine dominante Position, ohne dass er sie gewollt hat.

Verhaltensmuster von Eltern

Weiterhin besteht die Gefahr der Übertragung von selbst erlebten Negativerfahrungen aus der eigenen Schulzeit auf die Schulsituation des Kindes. Viele Ängste von Eltern, die sich auf ihre Tochter oder ihren Sohn in der Schule beziehen, sind nur so verständlich. Denn häufig entbehren sie gerade in der Waldorfschule einer konkreten Grundlage. Es können eigene Schulängste, z.B. Versagensängste, an der Schulsituation des Kindes wieder auftauchen, ohne dass bewusst wird, dass sie eigentlich aus der eigenen Schulzeit stammen. Dies zieht unter Umständen bestimmte Verhaltensweisen der Eltern – von «Unterwerfung» über «Ungehorsam», Ablehnung, Rebellion bis hin zu aktivem Kampf, Abqualifizierung und Repression – nach sich.

Die Gefahr der Übertragung

Teilweise hängt dies von der beruflichen Rollenprägung der Eltern und deren rollenspezifischem Verhalten ab. So werden Juristen, die Lokalpolitikerin, der Chefarzt oder der erfolgreiche Unternehmer andere rollenspezifische Verhaltensweisen dem Lehrer gegenüber an den Tag legen als Sozialarbeiter und Krankenschwestern, Handwerker oder Künstler. Ein besonderes Verhältnis ergibt sich, wenn die Eltern ebenfalls Lehrer sind – ob an einer Waldorfschule oder an einer staatlichen Schule. Waldorflehrer können als Eltern in einer Klasse eine sehr hilfreiche, aber auch eine schwierige Rolle spielen. Schwierig hauptsächlich dann, wenn sie als «Experten» den Klassen- oder Fachlehrer beurteilen, bestimmte Inhalte oder Verhaltensweisen fordern usw. Dadurch kommt der betreffende Lehrer eventuell in noch größere Bedrängnis als gegenüber anderen Eltern, vor allem aber können sich daraus Führungsrollen innerhalb der Elternschaft ergeben. Lehrer an staatlichen Schulen haben als Elterngruppe in der Waldorfschule eine besondere Bedeutung, da sie hier deutlich überrepräsentiert sind. Sie sind selbst Experten für Pädagogik und haben sich noch bewusster als andere Eltern für einen Schultypus entschieden, der sich von dem Schulsystem, in dem sie selbst arbeiten, unterscheidet. Häufig habe ich sie als besonders kritisch, dabei aber auch ausgesprochen verständnisvoll und realistisch erlebt – als Eltern, die die Situationen in der Klasse aktiv mittragen. Manche sind allerdings in der Gefahr zu meinen, in der Waldorfschule müsste nun alles das verwirklicht werden, was sie in ihrer eigenen Schule nicht verwirklichen können.

Berufsbedingte Verhaltensweisen

Diese Beispiele mögen zeigen, dass gerade die Fragen von Rollen und spezifischen Verhaltensmustern in der Schule vor allem zwischen Eltern und Lehrern thematisiert und bearbeitet werden sollten, damit ein bewusstes Umgehen mit den vielfältigen, oft unbewusst wirkenden Mechanismen möglich wird. Durch die verschiedenen Formen der Zusammenarbeit sind in der Waldorfschule dafür viele Gelegenheiten und Möglichkeiten gegeben.

Besondere Rollenverhältnisse existieren natürlich auch zwischen Lehrern und Schülern. Hier bietet sich die Möglichkeit, z.B. im Rahmen des Sozialkunde-Unterrichts, mit den Schülern der Oberstufe Aspekte des sozialen Umgangs miteinander und die darin liegenden Gesetzmäßigkeiten zu besprechen. Es können Fragen der sozialen

Beziehungen der Schüler zur «Institution Schule», zu den Lehrern, zur Klasse, zu Gruppen innerhalb der Klasse und zu einzelnen Schülern aufgearbeitet werden. Die Schülerinnen und Schüler erleben in diesem Alter viele gruppendynamische Vorgänge, Rollenprägungen und Rollenfixierungen nicht als gestaltbar, sondern nur als vorgegeben, als bedrückend oder auch erhebend. Sie können in der Regel nicht damit umgehen, sondern sind ihnen weitgehend ausgeliefert. Einige grundlegende Erkenntnisse der Psychologie und der Sozialwissenschaften können helfen, diese Situation und die eigene Position darin besser erkennen und verstehen zu lernen. Besonders wichtig ist dabei, über das persönliche Erlebnis zu allgemeinen Gesetzmäßigkeiten vorzustoßen. Dies wirkt auf die Jugendlichen vielfach befreiend, da sie solche Rollenverhältnisse meist sehr persönlich auf sich bezogen bzw. personifiziert erleben, woraus sich ein Gefühl des eigenen Ungenügens und der Ausweglosigkeit ergibt. So ist es möglich, den Schülern die eigenen Erlebnisse deutlicher wahrnehmbar, dem Zugriff des Bewusstseins zugänglich und damit aussprechbar zu machen.

Die Behandlung von Rollenverhältnissen im Unterricht

Durch die vielfältigen Möglichkeiten des Elternengagements, die die Waldorfschule bietet, können die Schüler eine selbstverständliche Kooperation zwischen Eltern und Lehrern erfahren. Dabei ist es wichtig, dass auch die unvermeidlich auftretenden Missstimmungen und Differenzen konstruktiv gelöst werden, so dass die Kinder und Jugendlichen zwischenmenschliche Spannungen, deren Bearbeitung und deren positive Lösung miterleben können. Vor dem Hintergrund der dargestellten Rollenprägungen ist es für sie wichtig, dass sie an ihren Erziehern – also an Eltern und Lehrern – möglichst viele «Erwachsenenreaktionen» erleben und damit am praktischen Beispiel lernen, dass es die Erwachsenensituation gibt, das heißt, dass man über das Kind- und Jugendlichenstadium mit dem Ausgeliefertsein an die Probleme hinwegkommen kann und

Die Bedeutung der Selbstführung

es möglich ist, seine Handlungen, seine Gefühle und seine Gedanken bewusst zu führen. Gerade diese «Führung» – im positiven Sinne als Selbstführung verstanden – suchen Kinder und Jugendliche unbewusst im Erwachsenen und sind in den tiefen Schichten ihrer Seele enttäuscht, wenn «die Erwachsenen» dies nicht schaffen und sich noch in den Verhaltensmustern der Eltern- und Kindrollen bewegen.

Kooperation soll in der Waldorfschule somit nicht theoretisch gelehrt, als Moral oder Verhaltensregel vermittelt werden, sondern praktisch in allen menschlichen Beziehungen vorgelebt werden – mit allen Schwierigkeiten und Misserfolgen, die es dabei auch immer geben muss und die nicht beschönigt werden sollen. Insgesamt überwiegen die positiven Erfahrungen jedoch bei weitem, denn wo Menschen guten Willens sind, finden sie auch meist eine gemeinsame Lösung über alle Differenzen hinweg.

Kooperation vorleben

Wesentlich ist die innere Einstellung, mit der sich die beteiligten Menschen in diesen Formen des Zusammenwirkens begegnen. Hier findet sich in den meisten Waldorfschulen eine offene Grundstimmung und das Vertrauen, Diskrepanzen gemeinsam lösen zu können. Dies trägt entscheidend zu einer guten Zusammenarbeit bei. So wird Kooperation zum durchgehenden Prinzip der Waldorfschule.

Anmerkungen

1 Vgl. etwa Matthias Karutz, *Gemeinschaften gestalten – aber wie? Anregungen aus der Praxis einer Waldorfschule,* Stuttgart 1998; Stefan Leber, *Die Sozialgestalt der Waldorfschule. Ein Beitrag zu den sozialwissenschaftlichen Anschauungen Rudolf Steiners,* Stuttgart 1991; Christof Lindenau, *Soziale Dreigliederung: Der Weg zu einer lernenden Gesellschaft. Ein Entwurf zum anthroposophischen Sozialimpuls,* Stuttgart [2]1989; Albert Schmelzer, *Die Dreigliederungsbewegung 1919. Rudolf Steiners Einsatz für den Selbstverwaltungsimpuls,* Stuttgart 1991.

2 Vgl. Michael Harslem, Zur Zusammenarbeit von Eltern und Lehrern, in: *Erziehungskunst,* 12/1995, S. 1221 ff.

3 Vgl. Michael Harslem, Neuordnung des Bundes und seiner Geschäftsstelle, in: *Erziehungskunst,* 12/1995, S. 1304 ff.

4 Alexander S. Neill, *Theorie und Praxis der antiautoritären Erziehung. Das Beispiel Summerhill,* Reinbek 1996.

5 Vgl. Michael Harslem, Dreigliederung und Waldorfschule – Aspekte zur Gestaltung der sozialen Prozesse, in: *Erziehungskunst,* 2/1996, S. 121 ff.

6 Vgl. dazu Friedrich Glasl, *Selbsthilfe in Konflikten. Konzepte – Übungen – praktische Methoden,* Stuttgart / Bern 1998.

7 Vgl. Michael Harslem, Schulbau als sozialer Prozess, in: *Erziehungskunst,* 7-8/1996, S. 830 ff.

8 Vgl. Bernard Lievegoed, *Organisationen im Wandel,* Bern/Stuttgart 1974, und Friedrich Glasl / Bernard Lievegoed, *Dynamische Unternehmensentwicklung. Wie Pionierbetriebe und Bürokratien zu schlanken Unternehmen werden,* Stuttgart 1993.

9 Vgl. Michael Harslem, Beratung und Supervision – eine Entwicklungsaufgabe, in: *Erziehungskunst,* 12/1997, S. 1324 ff., und Raymond di Ronco, Schule im Wandel – Qualitätssicherung in Villingen-Schwenningen, in: *Erziehungskunst,* 12/1998, S. 1481 ff.

10 Vgl. Friedrich Glasl / Bernard Lievegoed, *Dynamische Unternehmensentwicklung,* a.a.O. (Anm. 8), sowie Friedrich Glasl, *Das Unternehmen*

der Zukunft. Moralische Intuition in der Gestaltung von Organisationen, Stuttgart 1994.

11 Weitere Beispiele finden sich u.a. bei Manfred Leist, *Eltern und Lehrer. Ihr Zusammenwirken in den sozialen Prozessen der Waldorfschule,* Stuttgart ²1988; Stefan Leber, *Die Sozialgestalt der Waldorfschule,* a.a.O. (Anm. 1); Georg Rist und Peter Schneider, *Die Hiberniaschule. Von der Lehrwerkstatt zur Gesamtschule: Eine Waldorfschule integriert berufliches und allgemeines Lernen,* Reinbek 1977.

12 Erhard Fucke, *Grundlinien einer Pädagogik des Jugendalters. Zur Lehrplankonzeption der Klassen 6 bis 10 an Waldorfschulen,* Stuttgart 1991.

13 Vgl. Michael Harslem, Verein oder Genossenschaft, in: *Erziehungskunst,* 4/1992, S. 337 ff.

14 Vgl. Michael Harslem, Eigene Gerichtsbarkeit in der Waldorfschule, in: *Erziehungskunst,* 10/1990, S. 822 ff.

15 Vgl. z.B. die Bücher der amerikanischen Kommunikationsforscherin Deborah Tannen, *Das hab' ich nicht gesagt. Kommunikationsprobleme im Alltag,* Hamburg 1992, und *Du kannst mich einfach nicht verstehen. Warum Männer und Frauen aneinander vorbeireden,* Hamburg 1991.

16 Siehe Reinhard K. Sprenger, *Das Prinzip Selbstverantwortung. Wege zur Motivation,* Hamburg ⁶1997, Kapitel «Normalerweise verstehen wir uns nicht».

17 Eric Berne, *Spiele der Erwachsenen. Psychologie der menschlichen Beziehungen,* Reinbek 1967.

18 Vgl. Thomas A. Harris, *Ich bin o.k. – Du bist o.k. Wie wir uns selbst verstehen und unsere Einstellung zu anderen verändern können. Eine Einführung in die Transaktionsanalyse,* Reinbek 1975; sowie Amy B. Harris und Thomas A. Harris, *Einmal o.k. – immer o.k. Transaktionsanalyse für den Alltag,* Reinbek 1990.

19 Dies ist der Titel eines Buches des amerikanischen Psychologen Eric Berne (s. Anm. 17); darin stellt er verschiedene Alltagssituationen anschaulich dar, die von Eltern-Kind- bzw. Kind-Eltern- oder Eltern-Eltern- oder Kind-Kind-Verhaltensmustern zwischen Erwachsenen geprägt sind.

Nützliche Adressen

- Bund der Freien Waldorfschulen, Heidehofstraße 32, 70184 Stuttgart; Telefon / Fax (07 11) 2 10 42-0 / -19, E-Mail: BdWStgt@t-online.de; Internet: http://www.waldorfschule.de (Dort sind weitere Informationen sowie das internationale Verzeichnis der Freien Waldorfschulen und der Lehrerseminare erhältlich.
Rechtsberatung: Telefon / Fax: (07 11) 2 10 42-16 / -19.)

- Freunde der Erziehungskunst Rudolf Steiners e.V., Köpenicker Straße 175, 10997 Berlin, Telefon / Fax: (0 30) 6 17 02 63-0 / -3

- Internationale Vereinigung der Waldorfkindergärten, Heubergstraße 18, 70188 Stuttgart, Telefon / Fax: (07 11) 9 25 74-0 / -7

- Landesarbeitsgemeinschaften der Freien Waldorfschulen (Sekretariate bzw. Kontaktadressen):
Baden-Württemberg: Gisela Kayser-Gantner, Libanonstraße 3, 70184 Stuttgart, Telefon (07 11) 48 12 78; Fax (07 11) 48 75 15
Bayern: p.A. Rudolf Steiner Schule Nürnberg, Steinplattenweg 25, 90491 Nürnberg, Telefon / Fax (09 11) 59 86-0 / -200
Berlin und Brandenburg: p.A. Rudolf Steiner Schule Berlin Dahlem, Auf dem Grat 3, 14195 Berlin, Telefon / Fax (0 30) 83 00 91-0 / -55
Bremen: p.A. Freie Waldorfschule Bremen II, Parsevalstraße 2, 28309 Bremen, Telefon / Fax (04 21) 41 14-41 / -21
Hamburg: Seminar für Waldorfpädagogik in Hamburg, Hufnerstraße 18, 22083 Hamburg, Telefon / Fax (0 40) 2 98 30 40
Hessen: p.A. Freie Waldorfschule Wiesbaden, A.-Schweitzer-Allee 40, 65203 Wiesbaden, Telefon / Fax (06 11) 6 92 43-6 / -9
Mecklenburg-Vorpommern: p.A. Waldorfschule Rostock, Augustenstraße 20, 18055 Rostock, Telefon / Fax (03 81) 4 92 37 98
Niedersachsen / Bremen: p.A. Freie Waldorfschule Evinghausen, 49565 Bramsche, Telefon / Fax (0 54 68) 92 03-0 / -20

Nordrhein-Westfalen: Gerberstraße 12, 58456 Witten,
Telefon / Fax (0 23 02) 74 04-4 / -5
Rheinland-Pfalz: p.A. Freie Waldorfschule Trier, Montessoriweg 7, 54296 Trier, Telefon / Fax (06 51) 99 30 13-6 / -9
Saarland: p.A. Freie Waldorfschule Saar-Pfalz, Parkstraße,
66450 Bexbach, Telefon (0 68 26) 32 60; Fax (0 68 26) 4561
Sachsen, Sachsen-Anhalt, Thüringen: p.A. Freie Waldorfschule Weimar, Klosterweg 4, 99425 Weimar, Telefon (0 36 43) 90 32 34; Fax (0 36 43) 90 52 78
Schleswig-Holstein: p.A. Freie Waldorfschule Eckernförde,
Schleswiger Straße 112, 24340 Eckernförde, Telefon (0 36 43) 8 43 17; Fax (0 36 43) 8 72 18

Register

Bruno Sandkühler

Lernen Kinder mit dem Kopf?

Die Bedeutung von Bewegung und praktischem Tun in der Waldorfpädagogik
Elternfragen an die Schule
92 Seiten, kartoniert.

Über das Tun zum Verstehen

«Probieren geht über studieren», sagt man gemeinhin, ohne sich die tiefere Bedeutung des Sprichworts klarzumachen: dass der Weg des menschlichen Lernens grundsätzlich über das Tun und Erleben zum Verstehen führt. Kinder gehen von sich aus immer den Weg des Probierens und lernen dadurch leichter. Manuelle Fähigkeiten verwandeln sich im Laufe der kindlichen Entwicklung in entsprechende Begabungen auf intellektuellem Gebiet. Das macht Bruno Sandkühler an vielen Beispielen und Forschungsergebnissen deutlich. Er zeigt auf, wie gedankliche, praktische und künstlerische Komponenten einander ergänzen. Die Schule kommt daher dem Lernprozess entgegen, wenn sie die kopfmäßige Beschäftigung durch praktisches Tun vorbereitet bzw. unterstützt und den Zeitpunkt für entsprechende Umwandlungsprozesse beachtet. Für die Schule und ihr Bildungsverständnis ergeben sich daraus weitreichende Konsequenzen.

Verlag Freies Geistesleben